Astrología:

Descubre los Secretos de tu vida y conoce tu destino a través de las estrellas

Aviso de derechos de autor

Ninguna parte de este libro puede ser reproducida o transmitida en ninguna forma, electrónica o mecánica, incluyendo fotocopias, grabaciones o cualquier sistema de almacenamiento o recuperación de información, sin el permiso expreso, escrito, fechado y firmado del autor. Todos los derechos de autor están reservados.

Aviso legal

Se ha tomado el máximo cuidado para garantizar que la información presentada en este libro sea precisa. Sin embargo, el lector debe comprender que la información proporcionada no constituye asesoramiento legal, médico o profesional de ningún tipo.

Exclusión de responsabilidad: este producto se suministra "tal como está" y sin garantías. Quedan excluidas todas las garantías, expresas o implícitas. El uso de este producto constituye la aceptación de la política de "Exclusión de responsabilidad". Si no está de acuerdo con esta política, no se le permite utilizar ni distribuir este producto.

No seremos responsables de cualquier pérdida o daño de ningún tipo (incluyendo, sin limitación, pérdidas o daños consecuentes) surgidos directa o indirectamente del uso de este producto.

Sofia Visconti 2019

RECLAMA ESTO AHORA

Descubre el antiguo poder curativo del Reiki, despierta tu mente, cuerpo y espíritu y sana tu vida

El Reiki tiene el poder de sanar nuestras mentes, cuerpos y espíritus de maneras que pocos de nosotros podemos imaginar.

Esto es aplicable a personas de cualquier edad con problemas físicos, mentales, emocionales, o incluso problemas espirituales. Durante muchos años, el Reiki ha sido un secreto muy bien guardado, pero es una energía inteligente que va automáticamente donde se le necesita.

Descubre más en esta guía completa sobre un antiguo arte curativo para vivir una vida más feliz, más saludable y mejor.

¡UN COMIENZO ESPIRITUAL!

Comienza tu semana con gratitud, alegría, inspiración y amor.

Cada semana, recibirás sanación, motivación, inspiración, desafíos y orientación, ¡directamente en tu bandeja de entrada!

DESCUBRE MÁS

CONTENIDO

Introducción	1
Capítulo 1: Astrología: ¿Cómo funciona?	**4**
El propósito de la astrología	12
Tipos de astrología	14
La importancia de los planetas en la astrología	23
Capítulo 2: Todo sobre el Horóscopo y los signos del Zodíaco	**35**
Los cuatro elementos del Zodíaco	37
Los 12 signos del Zodíaco	39
¿Con qué horóscopo eres compatible?	59
Capítulo 3: Entendiendo las relaciones	**71**
Casas	74
Tus mejores días para el romance y la amistad	78
Cómo atraer energía positiva a tus relaciones	88
¿Por qué tienes problemas con tus relaciones?	95
Capítulo 4: La astrología y tus finanzas	**101**
Aries	103
Capricornio	104
Tauro	106
Géminis	107
Piscis	108
Leo	110
Virgo	111
Escorpio	113
Sagitario	115
Cáncer	118
Libra	120
Acuario	122

Capítulo 5: Revelando los rasgos positivos y negativos de tu personalidad — 125

Aries — 128
Capricornio — 130
Tauro — 132
Géminis — 134
Piscis — 136
Leo — 139
Virgo — 142
Escorpio — 144
Sagitario — 146
Cáncer — 149
Libra — 151
Acuario — 153

Capítulo 6: ¿Cómo tomar el control de tu camino y propósito en la vida? — 157

Conseguir estabilidad emocional — 159
Cambia tu forma de pensar — 161
Compartimenta tus relaciones — 163
Evita las influencias negativas que te distraen — 164
Meditación — 167
Sé intencional en todo — 169
Sé fiel a ti mismo — 172

Capítulo 7: ¿Qué es lo siguiente en tu vida? — 177

Fortalece tu voz interior (Instinto) — 179
Herramienta para el autoconocimiento/descubrimiento — 180
Cultivar la compasión hacia los demás — 182
Guía práctica sobre tus fortalezas y debilidades — 184
Útil para la orientación profesional — 187
Prepárate para tiempos difíciles — 190
Visión del futuro — 193

Conclusión — 197
¡Gracias por leer! — 201
Reclama esto ahora — 203

Introducción

¡Astrología!

Esta palabra puede ser fascinante para algunas personas porque implica una gran cantidad de significados. Piensa en esto por un segundo, ¿qué imagen se forma en tu mente cuando piensas en la palabra "Astrología"? ¿Piensas en tu cumpleaños? ¿O en tu vida amorosa? ¿Recuerdas el momento en que sentiste que te sucedieron ciertas cosas debido a tu signo astrológico?

Todo lo que piensas sobre astrología, en cierta medida, forma parte del proceso, ya que la realidad tiene varias capas. Para explicarlos en términos más simples, no puedes tener una conversación completa sobre la vida, las finanzas, las relaciones, la personalidad, etc., sin considerar el impacto de la astrología.

Este libro ha sido elaborado cuidadosamente para ayudarte a acceder a los aspectos y conceptos sobre el horóscopo, de manera que, cuando termines de leerlo, dispongas de la información que te ayudará a tomar las decisiones correctas y a vivir una vida con propósito.

Si te has embarcado en un viaje por carretera antes, estarás de acuerdo en que una de las cosas más emocionantes de este tipo de viajes son las numerosas paradas que puedes hacer con tus compañeros de viaje, y sucede lo mismo con este libro. Estamos en un viaje para desentrañar información esencial sobre astrología, pero toda la información que buscamos no está contenida en un solo capítulo.

Haremos algunas paradas para que puedas integrar plenamente cada parte de tu vida en el contenido. Hablaremos sobre la conexión entre la astrología y tu vida, de la manera más detallada, para que puedas aplicar los conocimientos adquiridos de forma natural.

¿Hay momentos en tu vida en los que sentiste que ya no tenías el control de lo que te estaba sucediendo o de lo que te iba a suceder a continuación? Bueno, quizás tengas que comprender el hecho de que hay algo más elevado que el reino físico y, si puedes comprender plenamente esa idea, no sólo tendrás el control de tu vida, sino que también podrás evitar las influencias negativas que te distraigan del propósito de tu vida.

¿Estás listo para iniciar este viaje? Comenzaremos con un capítulo fundamental que resume las ideas principales de nuestro tema: ¿qué es la astrología y cómo funciona?

¡Disfruta la lectura!

Capítulo 1
Astrología: ¿Cómo funciona?

La astrología se refiere al estudio de la influencia de los distintos objetos cósmicos sobre la vida humana. Estos objetos astronómicos suelen ser las estrellas, el sol, la luna y los planetas, ya que desempeñan un papel crucial en la formación de la personalidad de las personas, las relaciones románticas, la fortuna económica y todo lo demás relacionado con su existencia.

Alguien dijo una vez que "la vida es lo que hacemos de ella" y, si bien esta afirmación puede ser válida al considerar el impacto de nuestras elecciones y decisiones personales, no podemos ignorar el hecho de que la astrología también es un factor determinante importante.

Todo en el universo está conectado y en relación con lo demás; todos lo sabemos por la conexión entre la lluvia que cae del cielo y las plantas que crecen en abundancia gracias a ella. Todo está conectado. La astrología es la correlación entre los cuerpos celestes y los eventos que suceden en la Tierra.

Los astrólogos combinan su conocimiento científico sobre el cosmos con otros aspectos como la intuición y la naturaleza psicológica del hombre para crear significado a partir de los acontecimientos. La astrología también trabaja con patrones energéticos, enfocándose en las relaciones, los ciclos y los patrones que abren puertas y permiten comprender nuestra verdadera naturaleza psicológica.

Con la astrología vamos más allá del nivel superficial de lo que estamos haciendo para formular la pregunta más fundamental que es: "¿Por qué estamos haciendo lo que estamos haciendo?" Este tipo de comprensión conduce a la autoaceptación, una mayor compasión y a un sentido de significado en la vida fomentando la inspiración para evolucionar con un propósito.

Como puedes deducir de esta breve introducción, la astrología es un tema interesante para profundizar en él porque te hace sentir como si estuvieras mirándote en un espejo, sólo que esta vez no puedes ver lo que "Quieres" saber, sino que puedes ver quién eres a la luz de tu conexión con el universo.

Cuando se menciona la palabra astrología, muchas personas piensan inmediatamente en su "signo"; es decir, a una de las 12 constelaciones del zodíaco. Sin embargo, aunque tu signo del zodíaco es una parte importante del estudio astrológico, no constituye su esencia. Para comprender realmente la astrología, debes estar dispuesto a abrir tu corazón al universo y a esforzarte por saber cómo funciona.

La astrología es una mezcla de creencias o prácticas que se describen como científicas pero factuales; presenta información divina sobre los asuntos de los seres humanos y sus eventos terrestres a través del estudio de los movimientos o posiciones de los objetos celestes.

La astrología crea un mapa del cielo en el momento de tu nacimiento y, con ese mapa, cualquier astrólogo cualificado puede interpretar los potenciales de tu vida. OBSERVACIÓN y EXPERIENCIA son dos conceptos notables que siguen siendo relevantes a través de los años cuando se habla de astrología, porque los astrólogos se basan en lo que observan sobre tu carta natal y en la experiencia acumulada a través de los años leyendo las cartas de otros.

A lo largo de miles de años, hemos descubierto que los patrones que vemos en el cielo nocturno son un fiel reflejo de lo que acontece en la Tierra o del potencial que encierran. Esto significa también que existen diversos medios a través de los cuales se pueden descubrir estos patrones.

Desde la adivinación hasta la profecía, la adivinación del futuro y los presagios, la astrología ha dado origen a varios medios, de modo que la interpretación ya no se limita a un patrón único, y todo ello contribuye a hacer que el estudio astrológico sea apasionante.

Así que, ahora te estarás preguntando: "Si la astrología es real, ¿por qué el horóscopo que aparece en la parte de atrás del periódico no es exacto?". Bueno, debes entender que lo que lees en el periódico no es tan completo como esperas, ya que simplemente se basa en una característica: el signo en el que estaba el sol cuando naciste.

Para un análisis más holístico, tendrías que obtener la interpretación de tu horóscopo exacto que no sólo está basado en el sol, sino también en al menos nueve de los otros cuerpos celestes. También es crucial tener en cuenta el lugar de la Tierra en el que naciste, la hora y dónde te encuentras en este momento.

Además, serán necesarios la fecha, hora y lugar de tu nacimiento, junto con tu posición actual, para dibujar e interpretar la carta natal y tu horóscopo. Ahora ya sabes por qué es posible que no obtengas lo que buscas en el periódico, porque los astrólogos no tienen estos detalles personalizados de cada persona que lee el periódico. Aprenderás más sobre los signos del zodíaco en el próximo capítulo y cómo todos ellos están conectados con tus lecturas.

El estudio de la astrología se remonta a miles de años atrás y todo comenzó cuando los humanos se percataron de que no somos los únicos arquitectos de nuestra fortuna o desgracia. Aunque tenemos cierto control sobre nuestras vidas, para alcanzar un gran éxito, debemos tomar conciencia del impacto de la astrología en el tejido de nuestra existencia.

La astrología no se limita a una cultura mundial en concreto, ni tampoco tiene una importancia mayor en una parte del mundo que en otra. La razón por la que puede que te parezca que algunas personas selectas tienen dominio sobre ella, es porque la practican activamente y buscan una mayor profundidad en la astrología que otras personas. Independientemente del grado de práctica o comprensión de su importancia, una cosa es segura: la astrología es una parte fundamental de nuestras vidas.

En su sentido más amplio, la astrología trata sobre la búsqueda de significados en el cielo. En la antigüedad, los humanos utilizaban los signos del cielo para predecir los cambios estacionales y la influencia de la luna en su calendario colectivo. Esta búsqueda en el cielo representó los primeros intentos de los seres humanos de crear y mantener el vínculo entre su mundo y el espacio celestial.

Es más, la astrología también es un método mediante el cual se pueden predecir eventos mundanos basándose en la relación "especial" que existe entre los cuerpos celestes individuales y sus movimientos. Esta relación única es una de las razones por las que algunos signos del zodíaco son compatibles (en lo que respecta a las relaciones) y otros son incompatibles.

A pesar del éxito registrado con la astrología, esta tuvo objeciones antiguas e, incluso en los tiempos modernos, algunas personas todavía discuten sobre la influencia de la astrología porque para ellos no tiene sentido buscar respuestas en el universo.

Pero piensa sobre esto: ¿a quién o qué más recurrimos en busca de respuestas aparte del universo? Cuando nacen los bebés, permanecen unidos a sus madres, no sólo en la etapa inicial del nacimiento, sino durante sus vidas, y esta relación madre-hijo es lo que tenemos con el universo.

La astrología se convierte en el puente a través del cual podemos conectarnos con el universo para obtener respuestas a diversas preguntas que podamos tener. En el transcurso de la lectura de este libro, te sorprenderás del nivel de influencia que tienen los conceptos astrológicos sobre tu vida y de cómo puedes tomar mejores decisiones cuando los comprendas en su totalidad.

El hecho de que la mayoría de las predicciones del horóscopo se basen en los signos delineados en tu carta astral puede reforzar aún más la autenticidad de la astrología en tu vida. Sin embargo, no dedicaremos tiempo en intentar "convencerte" de que vale la pena seguir este camino; al fin y al cabo, independientemente de tus creencias sobre los arcoíris, ¡siguen apareciendo después de la lluvia!

Lo que significa que, incluso si no tienes tanta fe en la astrología, eso no cambia el hecho de que las cosas se estén alineando para ti, basándose en los factores celestiales y, siempre que llegues a conocer esta verdad (como lo harías a través de este libro), tendrás el poder de utilizarla para tu bien.

Nuestras almas nos hablan todo el tiempo, no con simples palabras, sino con símbolos y el lenguaje de las imágenes; pero necesitarás un canal a través del cual puedas captar el significado de lo que dicen. Aquí es donde entra en juego la astrología. Con la astrología, tienes las técnicas probadas para recibir los mensajes y conceptos del universo en tu mente consciente.

Mientras algunas personas creen que los planetas hacen que sucedan ciertos eventos, sentimientos y circunstancias, con la astrología podemos ver que el planeta sólo refleja la energía que nos rodea, al mismo tiempo que nos brinda información sobre cómo podemos utilizar ese poder para crear mejores relaciones, tomar decisiones financieras acertadas y vivir una vida más feliz.

Pero ninguno de estos menciona explícitamente el propósito principal de la astrología. Por supuesto, ya sabemos para qué podemos usarla, pero, ¿cuál era la intención original? ¿Seguimos en línea con lo que funciona? ¿Existen otras ideas sobre cómo funciona la astrología?

El propósito de la astrología

El propósito inicial de la astrología es multifacético; por un lado, pretende ser una vía para que las personas obtengan información sobre el curso de su vida. Por otro lado, ofrece a las personas la oportunidad de acceder a las estaciones del mundo y a cómo afectan a la productividad en aspectos tales como la agricultura (este fue el propósito más antiguo en épocas anteriores).

Sin embargo, en el mundo actual, el propósito de la astrología ha tomado caminos mucho más específicos, desde las relaciones hasta las finanzas, el matrimonio e incluso las oportunidades laborales. En la actualidad, parece que las personas tienen un mejor control de sus vidas debido a la influencia de la astrología.

La astrología también tiene un propósito catártico, ayudando a determinar si un momento en concreto es astrológicamente propicio para el éxito de una acción. Una persona puede elegir actuar de una manera que, según su carta astral, le sea más favorable para evitar futuros problemas y conflictos.

El propósito de la astrología interrogativa es proporcionar respuestas a las preguntas que una persona pueda tener basándose en la situación de los cielos en un momento dado. Este uso intencionado de la astrología se asemeja más a la adivinación, ya que la persona busca determinar cómo los cielos apoyarán, rechazarán o actuarán.

Pero, en general, el propósito de la astrología es el de ayudarte a trabajar en estrecha colaboración con el universo, de manera que tus acciones estén alineadas con lo que el universo tiene guardado para ti. Antes de adquirir consciencia sobre la astrología, probablemente vagabas sin rumbo mientras "esperabas" que el mundo se alineara, pero este último es un proceso de pensamiento problemático.

No tenemos que esperar a que el universo se alinee con nosotros porque esto significaría que estamos haciendo planes que no están dentro de lo que el universo tiene planeado para nosotros. El problema es que, independientemente de tus intenciones, incluyan o no al universo, lo que está destinado a suceder según tu evaluación astrológica, sucederá de todos modos.

Por lo tanto, la mejor apuesta será que te dejes llevar por el universo en este viaje, prestando atención a lo que dice y, a continuación, tomes las decisiones basadas en lo que recibes de la energía que te rodea.

Tipos de astrología

Al igual que sucede con los diferentes propósitos de la astrología, también existen distintos tipos de astrología; algunos de ellos son:

1. Astrología del horóscopo

Esta astrología estudia las experiencias actuales de una persona. El astrólogo observa la carta centrándose en dónde están los planetas en un día en concreto.

En el momento del nacimiento, esto se convierte en tu carta natal, pero los planetas no dejan de moverse y, a medida que se desplazan por los cielos, los aspectos entre ellos y la posición inicial de tu planeta natal mostrarán los eventos que sucederán en tu vida.

2. Astrología horaria

La astrología horaria es una rama especializada de la astrología enfocada en ayudarte a conseguir respuestas astrológicas rápidamente. No requiere actividades ni calendarios, ni tampoco tienes que sentarte bajo el cielo abierto contemplando las estrellas.

La astrología horaria también se basa en la teoría de la sincronicidad y en la causalidad del tiempo, por lo que se convierte en una forma predictiva de la astrología. Cuando se le plantea una pregunta al astrólogo, este dibuja una carta astral en cuanto escucha la pregunta.

Con el dibujo, el astrólogo obtiene la respuesta a la pregunta y el enigma queda resuelto, sea cual sea.

3. Astrología sinastría

Con la astrología, las personas no sólo se preocupan por lo que pueden hacer o cómo afecta esto a sus vidas, sino también por cómo se relacionan con otras personas. Por ello, la astrología sinastría es el estudio de cómo las personas se relacionan entre sí. Puedes relacionar una carta natal con otra y estudiar cómo los planetas se entremezclan entre sí.

La astrología sinastría mayormente es utilizada para las lecturas románticas que tienen ver con preguntas como: "¿Esta persona y yo hacemos buena pareja?, "¿Funcionará esta relación con esta persona?", etc.

Esta astrología también se relaciona con las familias y el tipo de relación que tienes con tus compañeros en tu lugar de trabajo.

4. Astrología natal

Existe una gran conexión entre la astrología y el momento en el que nacemos; es de esto de lo que se ocupa mayormente la astrología natal. Esta forma de astrología busca utilizar el momento en el que naciste para dibujar un mapa de los cielos, lo que se conoce como carta natal que muestra el potencial de tu vida.

La astrología natal también nos permite aprender más sobre nuestras personalidades, los talentos únicos que tenemos y las posibilidades que estas ideas pueden aportar a nuestras vidas. Para expresarlo en términos más simples, la astrología natal es la guía o el mapa de la vida de una persona.

5. Astrología del zodíaco

La astrología del zodíaco es el tipo de astrología más popular. Incluso aquellos que no tienen mucho conocimiento sobre la astrología conocen el zodíaco, niños incluidos. En algún momento de tu vida, es posible que te hayas sentado con tus amigos para hablar sobre el horóscopo de cada uno y te hayas reído de lo que descubriste.

Pues bien, cada uno de los planetas influye en una de las estrellas del zodíaco, que son 12 en total. El próximo capítulo se centrará más en esto. Cada una de las estrellas del zodíaco está controlada por un planeta, ya que el movimiento del planeta da una visión de lo que depara el futuro a los signos (Leo, Libra, etc.).

Existe abundante información sobre los signos del zodíaco tanto en línea como fuera de ella. A la gente le gusta hablar sobre la compatibilidad de los signos, la fortuna, la suerte y cómo personas distintas pertenecen a diferentes signos zodiacales, así como el grado de éxito que estos proporcionan en sus vidas.

El grado de credibilidad que elijas otorgar a los signos del zodíaco depende de ti, pero para este capítulo fundamental, es crucial que te familiarices con este tipo de astrología porque es una idea recurrente que encontrarás en partes posteriores de este libro.

6. Astrología de estrellas fijas

La galaxia puede ser un tanto misteriosa y, aunque los científicos siempre están trabajando para desentrañar sus misterios, sigue siendo un enigma. La mayor parte del tiempo, la astrología se centra en los conceptos que conforman el sistema solar, pero existe un nivel más allá de estos.

Este nivel implica la inclusión de las estrellas que existieron mucho antes de que llegáramos nosotros. La astrología de las estrellas fijas intenta explorar el hecho de que las cosas no sólo se comprenden con la mente, sino también por aquellos que se toman el tiempo para contemplar el universo y lo que hay más allá de él.

Las estrellas en las que nos enfocamos con este tipo de astrología no orbitan alrededor del Sol, ya que el Sol no está en el centro de su universo, sino que permanecen fijas en una posición determinada, sin cambiar.

El estudio de estas estrellas fijas dio origen a esta rama de la astrología, pero no se puede analizar de forma aislada. La astrología de las estrellas fijas debe integrarse, teniendo en cuenta las relaciones entre los planetas, los cuerpos celestes circundantes y otros factores que influyen en ellas.

Existe la necesidad de construir una relación y de establecer una conexión entre todos estos conceptos para ofrecer al astrólogo una imagen completa de lo que se busca. Por eso, las estrellas inmóviles son los objetos de contemplación y estudio, pero se estudian también junto con otros planetas.

7. Astrología médica

Si quieres contar con la astrología médica, debes tener un conocimiento sólido en biología. Si necesitas refrescar tus conocimientos, revisa los conceptos básicos. En la astrología médica, es básico entender todo sobre las diferentes partes del cuerpo, cómo están interconectadas todas las partes del cuerpo y cómo se unen para actuar como un sistema integral.

Las partes del cuerpo funcionan muy bien por sí solas, pero cuando trabajan unidas, sabemos que es como magia y la coordinación entre ellas es crucial para la buena salud y el bienestar general.

Cada parte del cuerpo tiene su símbolo o signo astrológico asociado; también se ha dicho que existen distintos planetas que dominan sobre los diversos órganos del cuerpo, por lo que, a menudo, resulta complicado decidir qué planeta controla una parte del cuerpo.

Aquí es donde entra en juego la astrología médica; es el estudio de la relación entre los órganos del cuerpo, sus símbolos astrológicos correspondientes y cómo esta relación puede ayudar a mejorar las experiencias de vida de una persona.

8. Astrología kármica

La astrología kármica no es tan popular ni tan conocida como los otros tipos, pero se trata de un concepto apasionante. Lo kármico se refiere a creer en la reencarnación, lo que supone un gran acto de fe, ya que no hay mucha gente dispuesta a admitir la reencarnación.

Algunas reencarnaciones van en contra de ciertas creencias y de la ciencia, pero no hay nada malo en estudiarlo para aprender más sobre astrología; después, será tu decisión creer en ellas o no.

Entre todos los tipos de astrología, esta es la que tiende a desafiar más la realidad, ya que incorpora la idea de que naciste en una forma diferente antes de ahora y que permanecerás de esta manera durante los años venideros.

La vida es un círculo en constante evolución y, aunque no sepamos cuándo comenzamos con el anillo o cuándo terminará, con la astrología kármica, obtienes una perspectiva de tu vida "pasada" y de su realidad actual.

Las personas que encuentran fascinante la astrología kármica son aquellas que siempre están en busca de cómo empezó la vida y de cómo se creó el círculo. Este tipo de personas se sienten atraídas por la astrología kármica porque creen que puede proporcionar respuestas sobre la búsqueda de hechos más detallados sobre la vida.

La astrología kármica expone hechos, historias y cualquier otra idea que ayude a una persona a comprender las conexiones entre sus vidas pasadas y la actual. A veces, nos enfrascamos tanto en nuestra determinación por buscar respuestas astrológicas que olvidamos discernir entre lo que está bien y lo que está mal, y de lo que nos corresponde decidir o no. No te dejes llevar por la búsqueda de una "señal", incluso cuando no haya ninguna en un momento dado. No permitas que el movimiento de las estrellas y de los planetas te consuma hasta el punto de no reconocer el papel que desempeñas en el desarrollo de tu vida más allá de las predicciones astrológicas.

Es crucial que sepas cómo mantener un equilibrio con todo.

Algunas personas esperan una señal antes de aceptar un trabajo o comenzar una relación con una gran persona. De hecho, otras pasan gran parte de su vida adulta simplemente esperando a que las "estrellas se alineen". Sin embargo, aunque está genial observar las estrellas, no lo hagas de manera excesiva.

Sí, deberías saber todo lo que puedas sobre astrología, estás haciendo un gran trabajo leyendo este libro, pero no te obsesiones con ello permitiendo que controle tu vida. No te quedes en casa porque sientas que es un "mal" día para ir a trabajar. El propósito general de la astrología es darte control sobre tu vida y no intimidarte para que vivas una vida atemorizada.

La importancia de los planetas en la astrología

1. El Sol

Hay dos objetos muy brillantes en el cielo que tenemos en cuenta en la astrología: el Sol y la Luna. El Sol es el más brillante de ambos y representa la energía ardiente que es activa, masculina y muy fuerte.

El Sol también es un signo que representa el ego y la manera en la que una persona se expresa. A través del Sol, obtenemos información sobre el concepto de autoexpresión en la astrología, ya que quienes están bajo la influencia de este planeta extraen su creatividad y su estilo de liderazgo vibrante de su energía.

El Sol en la astrología también representa tu ALMA; es tu poder y fuerza para avanzar en la vida y para salir victorioso incluso ante desafíos extremos. Así que, cuando pienses en el Sol en astrología, piensa también en la fortaleza interior de la persona.

Aunque en el ámbito científico el Sol no se clasifica como un planeta, en la astrología sí se considera uno. Representa la figura paterna y la masculinidad, lo que explica la razón por la que no podrías tener una buena relación con tu padre. No tener una buena relación con tu padre sólo ocurre cuando el Sol está mal posicionado en tu horóscopo.

Esta situación con tu padre significa también que tu vitalidad y fuerza de voluntad interior se debilitan. Pero, cuando el Sol está ubicado en tu horóscopo, entonces significa que florecerás en tu carrera. Tendrás la fuerza de voluntad para conquistar todo lo que se presente en tu camino.

2. La Luna

La Luna representa tu personalidad, las emociones, proyecciones mentales y la forma en la que piensas. Algunas personas creen erróneamente que el signo solar es el responsable de su carácter, pero eso no es cierto.

El signo lunar determina cómo vas a pensar y comportarte en determinadas situaciones. La Luna también simboliza la figura materna (la feminidad), lo que significa que, si tu Luna no está bien ubicada, es posible que no mantengas una buena relación con tu madre. También es posible que estés en conflicto constante con ella.

Con una Luna bien posicionada en tu carta astral, puedes manejar mejor el estrés y enfrentarte a situaciones complejas de manera más efectiva. La Luna también simboliza tus hábitos inconscientes, estados de ánimo, intuición, y la capacidad que desarrollas de nutrir cualquier cosa (relaciones sentimentales, carrera profesional, etc.).

3. Mercurio

Mercurio es el planeta en movimiento más rápido que representa la mente y su intelecto. Mercurio también está asociado con la comunicación, en base a los niveles de entrada y salida que hablan de cómo te comunicas contigo mismo y con los demás.

En la mitología clásica romana, Mercurio era conocido como un mensajero porque siempre era muy ágil y rápido. En el mundo actual, se aplican las mismas características a los signos regidos por Mercurio.

Así que, en astrología, Mercurio representa la racionalidad, los patrones de pensamiento y el razonamiento. Mercurio puede ser consistente y curioso, pero gobierna las expresiones del día a día en una relación.

También se podría decir que Mercurio es el planeta neutral que actúa como el pegamento, manteniendo todo unido para dos o más personas. Mercurio también simboliza ser práctico y científico, siendo la curiosidad un factor significativo para aquellos que tienen a Mercurio en su cuarta casa.

4. Venus

Venus representa las emociones como, por ejemplo, sentimientos de amor, apreciación por la belleza, y el deseo de armonía. Si Venus se encuentra en la 7.ª casa de una persona, podría significar que la persona está preparada para una relación exitosa que podría llevar al matrimonio.

Venus es un indicador importante de lujo, comodidad y apreciación por las cosas materiales. Este amor por las cosas materiales y por otras personas, significa que los dos atributos de Venus se manifiestan tanto a nivel material como a nivel interpersonal.

En el nivel material, se trata de QUÉ valoramos: ¿casas, vehículos, arte, etc.? Mientras que, en el nivel interpersonal, se trata de A QUIÉN valoramos: ¿nuestros cónyuges, amigos, etc.?

Aquellos que están regidos por este planeta tienen cierto carisma que les permite atraer a la gente a su círculo. Hacer que los demás se sientan cómodos es una de las cosas que hace de Venus un planeta muy peculiar. Este planeta atrae, convirtiéndolo en un mundo único en cuanto a conexiones astrológicas.

En las cartas natales, Venus también rige el cortejo y el compromiso con el proceso de estar enamorado de una persona, lo que dice mucho de su verdadera naturaleza como el planeta que gobierna el amor.

5. Marte

Marte es conocido como el "Planeta Rojo" y representa tu fuerza de lucha física y mental y el deseo de emprender la acción. Hay ira en la persona que tiene a Marte mal posicionado en su horóscopo. Marte también es conocido por sus instintos agresivos y su impulso.

Un Marte bien posicionado en la carta astral se traducirá en fortaleza para la persona. Sí, él/ella puede enfadarse, pero lo expresa de una manera muy digna. Marte también simboliza la amistad con hombres y hermanos porque refleja una energía masculina (pero, esto no incluye la figura de tu padre, porque el Sol lo simboliza a él).

Marte también simboliza fuerza cuando se le ubica en el horóscopo de una persona. Descubrirás que estas personas pueden pasar por muchas derrotas en sus vidas y volver a la cima.

Su ira también puede canalizarse positivamente hacia proyectos bien intencionados que ayudarán a quienes han sido maltratados. La mayoría de los boxeadores, atletas y luchadores tienen un Marte bien emplazado en su horóscopo porque son cazadores natos.

Marte también representa a quienes se arriesgan, como se evidencia en su regente "Aries". Marte es el planeta que hace que te levantes y que te pongas en marcha cada mañana; te ayuda a expresar tu ira, te da poder para aceptar tu impulso sexual y el deseo de entregarte a una relación sexual.

Dependiendo de cuándo naciste, si Marte estuviera en retrogradación, dirigirás tu energía internamente y harás todo lo posible para evitar la confrontación. Por otro lado, si Marte no estaba cambiando en el momento de tu nacimiento, serás una persona concentrada en las acciones y en ir por lo que quieres porque tú eres tu prioridad.

6. Júpiter

Sagitario es el signo que rige este planeta y todo gira en torno al crecimiento. Júpiter guía tu ética y filosofía sobre la vida. Se concentra en cuándo tienes suerte, abundancia y cautela, en dónde quieres aprender y cómo puedes beneficiarte del conocimiento adquirido sobre la vida.

Júpiter es un amuleto de la suerte que tiende a expandir todo lo que toca; muestra lo que haces a gran escala y dónde recibes beneficios financieros.

Júpiter también despliega el grado de tu generosidad hacia los demás mientras buscas la verdad en todo momento. Si tu carta astral tiene el signo de Júpiter, entonces serás una persona a la que le encanta hacer del planeta un lugar perfecto regido por leyes y un mejor lugar para que la gente viva.

Júpiter también está relacionado con la religión, la filosofía y la educación. Si este planeta estuviera retrógrado cuando nació una persona, entonces este individuo será bastante filosófico. Si Júpiter estaba estacionario en el momento del nacimiento de la persona, él o ella tendría opiniones fuertes y principios bien fundamentados.

7. Saturno

Los Capricornio están influenciados por este planeta, ¡y todo se trata de la realización!

Saturno tiende a describir tu ambición en la vida con tus lecciones de vida significativas y los sentimientos de insuficiencia. Este planeta se relaciona con las restricciones, límites, limitaciones, seguridad y practicidad.

Si encuentras este planeta en tu carta natal, entonces lo más probable es que seas una persona trabajadora que consigue lo que se merece. Saturno es el planeta que supervisa tu negocio, riqueza y carrera profesional.

En ocasiones, incluso si su ubicación en tu carta natal no afecta directamente a tu carrera, mostrará que eres una persona que quiere triunfar y convertirse en una persona reconocida por el trabajo, el cual realiza de manera excelente.

Si Saturno estaba retrógrado en el momento de tu nacimiento, serás proactivo con tu éxito y responsable de tus logros y fracasos. Si Saturno estaba estancado cuando naciste, entonces probablemente seas una persona disciplinada y orientada a objetivos, centrada en el panorama general y determinada a triunfar a toda costa.

8. Urano

Este planeta representa la imaginación creativa de una persona, así como su intuición, talento y psicología. Para Urano, se trata de ver las cosas desde una perspectiva mejor, siendo un defensor del cambio y un motivador de la rebelión.

Este planeta prepara a la persona para los cambios en la vida y fortalece sus creencias con respecto a sus metas establecidas y lo que desea conseguir en la vida. Urano también se relaciona con la excentricidad, destacando las características únicas que pueden hacer sobresalir a la persona.

Aventurero, amigable y extrovertido; son algunas de las palabras que se pueden usar para describir a la persona regida por Urano. El planeta también influye en la persona para que absorba el espíritu de la nueva era, lo que las convierte en reformadoras e inventoras.

9. Neptuno

Este planeta influye en las personas que se arriesgan y que siempre están dispuestas a aprovechar las oportunidades. Uno de los atributos significativos de las personas regidas por Neptuno es su fe e inocencia infantil, lo que les permite conseguir oportunidades que otros podrían no detectar.

Algunas personas regidas por este planeta sienten cierto nivel de desajuste en su equilibrio, atribuible a la vasta naturaleza de la órbita de Neptuno. Así que, por ejemplo, una persona Libra, normalmente equilibrada, puede volverse errática de repente cuando Neptuno influye en su signo.

Aquellas personas que están en el signo de Neptuno son descritas como soñadoras. Su naturaleza caprichosa está conectada con la mitología y la historia del planeta. A diferencia de Venus, que se enfoca únicamente en el amor propio, Neptuno se preocupa por el amor mutuo.

10. Plutón

Este planeta tiene que ver con transformar los aspectos antiguos del yo y con entrar en experiencias nuevas. Para avanzar en la vida como persona influenciada por Plutón, es necesario tener una consciencia interna del tiempo cambiante y cultivar la resiliencia para pasar del pasado al futuro.

Los temores que arrastra el signo regido por Plutón están profundamente arraigados en el hecho de que se apegan fácilmente a ciertas cosas y que no quieren soltarlas. Plutón, siendo el planeta más lejano y el más pequeño, tiene, sin embargo, mucho poder concentrado. De ahí la razón por la que quienes están bajo la influencia de este planeta poseen una visión profunda del mundo (a menudo se adentran en la filosofía).

Este capítulo es fundamental y busca proporcionar una perspectiva de los conceptos fundamentales de la astrología. Lo que hemos conseguido con esta sección es presentarte palabras clave vitales que probablemente encontrarás a lo largo de todo el libro.

El capítulo siguiente se centrará en la conexión entre el horóscopo y los signos zodiacales. Si ya sabías algo sobre astrología, probablemente sería sobre los signos zodiacales, así que prepárate para obtener una perspectiva adicional sobre lo que sabes.

Capítulo 2
Todo sobre el Horóscopo y los signos del Zodíaco

Este capítulo añadirá información sobre lo que hemos aprendido en la sección anterior, ya que descubrirás todos los detalles específicos sobre horóscopos y signos zodiacales, con un enfoque especial en cómo se relaciona contigo. Como se mencionó en el capítulo anterior, el signo zodiacal es una de las ideas más populares cuando se habla sobre astrología con cualquier persona.

La mayoría de las personas saben más sobre el zodíaco que sobre cualquier otro aspecto relacionado con la astrología porque desean estar conectados con la idea que les muestra cómo son y cómo pueden mejorar en la vida.

Hay 12 signos zodiacales; cada signo tiene sus fortalezas y debilidades, con rasgos, actitudes y deseos únicos. Los signos también tienen características peculiares que se relacionan con cómo las personas se comportan hacia los demás. El análisis de las posiciones del Sol y la Luna, en el momento eclíptico del nacimiento, nos aporta una idea del carácter, las preferencias, miedos y defectos de una persona.

En este capítulo, descubrirás cada detalle que necesitas saber sobre los signos zodiacales, el carácter de tu signo solar, sus características como horóscopo, tu perfil, historia, mitos y más emocionante aún, tu compatibilidad amorosa.

Antes de proceder con los signos zodiacales, debes saber que cada uno de ellos pertenece a uno de los cuatro elementos (aire, agua, tierra y fuego). Las características son un tipo de energía esencial que está presente en cada uno de nosotros. Con la astrología, podemos enfocar las energías en aspectos positivos de la vida y disponer de una mejor apreciación de nuestros rasgos.

Los cuatro elementos del zodíaco ayudan a describir tu personalidad única, ya que están asociados con los signos astrológicos y tienen un efecto impresionante en los rasgos de tu carácter, emociones y comportamiento.

Los cuatro elementos del Zodíaco

Signos de aire

Estos signos son característicos de la racionalidad, el amor, la comunicación social y las relaciones con otras personas. También son para los pensadores, los intelectuales y las personas que son analíticas y muy comunicativas. A estas personas les encantan las conversaciones filosóficas, los buenos libros y las reuniones sociales en las que pueden interactuar con mentes afines.

A las personas que están en la categoría del signo de aire también les encanta dar buenos consejos.

Los signos del zodíaco que se encuentran bajo este elemento son Géminis, Acuario y Libra.

Signos de fuego

Los signos de fuego son muy temperamentales; son personas apasionadas, muy dinámicas y disponen de mucha energía. Sí, se ofenden fácilmente, pero también perdonan con facilidad. Son aventureros, muy fuertes físicamente y siempre son una fuente de inspiración para los demás.

Aquellos que tienen signos de fuego también son autoconscientes, inteligentes, idealistas y creativos; siempre están listos para actuar. Aries, Sagitario y Leo se encuentran en esta categoría.

Signos de tierra

Los que pertenecen a esta categoría son personas que tienen los pies en la tierra; son conservadoras y genuinas, pero también pueden ser emotivas. También son personas eficientes, leales y estables.

Acompañar a las personas en los momentos difíciles es uno de sus puntos fuertes.

Los signos de tierra incluyen a Tauro, Virgo y Capricornio.

Signos de agua

Son personas emocionalmente muy sensibles y muy intuitivas. Tienden a ser misteriosas, pero son amantes de la intimidad y de las conversaciones profundas. Siempre apoyan a quienes aman. Los signos de agua son Escorpio, Cáncer y Piscis.

Los 12 signos del Zodíaco

Para cada uno de los signos del zodíaco mencionados a continuación, encontrarás las fechas de nacimiento para poder identificar fácilmente los signos (si aún no lo sabes).

Acuario (20 de enero – 18 de febrero)

Acuario es una persona naturalmente tímida y tranquila, pero también puede ser muy enérgica. Son pensadores profundos, de naturaleza intelectual y tienen un deseo amoroso por ayudar a los demás. No toman partido cuando dos personas están envueltas en un conflicto; de ahí la razón por la que se confíe en ellos/ellas para la resolución de conflictos.

También tienen una profunda necesidad de que los dejen solos y de permanecer alejados de todo, aunque pueden adaptarse rápidamente a la energía que los rodea. Cuando no están estimulados mentalmente, tienden a aburrirse y carecen de motivación. Son personas que ven posibilidades en el mundo cuando otros ven un futuro sombrío y tienden a utilizar su mente en cada oportunidad que se les presenta.

Acuario está regido por el planeta Urano. Por lo tanto, en ocasiones, suelen tender a ser tímidos, abruptos y agresivos, justo como el planeta. Pero también tienen una habilidad visionaria que les facilita predecir acontecimientos futuros. Esta es la razón por la que la mayoría de ellos sabe exactamente lo que deberían estar haciendo dentro de cinco años.

Urano también les aporta la capacidad de una transformación rápida, permitiéndoles ser progresistas, pensadores y humanistas. Cuando forman parte de un grupo o de una comunidad, se sienten bien, por lo que siempre quieren estar rodeados de gente.

Uno de los problemas de los nacidos bajo el signo de Acuario es que se sienten limitados por su deseo de libertad e igualdad para todos. También se les considera personas insensibles y de corazón frío, pero esto sólo es un mecanismo de defensa que utilizan para evitar abrir su intimidad a personas en las que no confían.

Los nacidos bajo el signo de Acuario tienen que aprender a confiar en los demás y, al mismo tiempo, necesitan mejorar su capacidad para expresar sus emociones de manera saludable. También necesitan comprender que, cuando la gente está en desacuerdo con ellos, no significa que no los quieran.

Los nacidos bajo el signo de Acuario huyen de las expresiones emocionales, pero también son divertidos con los amigos y saben escuchar a la perfección. Son personas originales.

Piscis (19 de febrero – 20 de marzo)

Son personas amigables que se encuentran a gusto en la compañía de todo tipo de personas, sin importar dónde se encuentren. Son desinteresados. Piscis siempre está dispuesto a ayudar a los demás sin obtener nada a cambio.

Están guiados por el signo de agua, por lo tanto, caracterizados por la empatía y una elevada capacidad emocional. Su planeta es Neptuno, lo que hace que sean mucho más intuitivos que otras personas. También tienen una vena artística, de ahí que sean amantes de la música (su amor por la música se manifiesta desde una edad temprana).

Los Piscis son personas generosas que también sienten compasión por la difícil situación de las personas necesitadas; son fieles a sus parejas y amigos y muestran un nivel extremo de atención que otros buscan emular.

Las personas nacidas bajo este signo tienen una comprensión intuitiva del ciclo de la vida, por lo que consiguen mucho con sus relaciones. También son conocidos por su sabiduría excepcional, lo que les permite dar buenos consejos a personas en situaciones estresantes.

Debido a la influencia del planeta Urano en sus vidas, las personas nacidas bajo este signo pueden asumir el papel de mártir, lo que refuerza aún más el hecho de que son desinteresadas.

Las personas nacidas bajo este signo nunca son prejuiciosas y tienden a perdonar rápidamente a aquellos que las ofendan. De hecho, son las más tolerantes de todos los signos del zodíaco.

Piscis siempre tiene el deseo de escapar de la realidad porque confía fácilmente y sale herido; esto hace que sean temerosos y tristes. Se les puede definir como "personas sabelotodo", por lo que a menudo son criticados. Su pasado regresa para atormentarlos, lo que hace que sientan arrepentimiento desde muy temprano en la vida.

Aries (21 de marzo – 19 de abril)

Este es el primer signo del zodíaco y, por su posición, siempre marca el comienzo de algo tremendo pero turbulento. Las personalidades bajo este signo buscan constantemente la forma de competir y quieren ser los primeros en todo.

Aries también es uno de los signos del zodíaco más activo, y esto mayormente se atribuye al hecho de que su planeta regente es Marte. También pertenece al elemento del fuego, justo como Leo y Sagitario.

Debido a la influencia del Sol en el signo, tienen unas capacidades organizativas excelentes, por lo que cuando conoces a un Aries notarás que puede hacer varias cosas al mismo tiempo. Cuando se impacientan, podrás ver sus fallos de comportamiento.

Las personalidades fuertes que han nacido bajo este signo tienen que luchar para conseguir sus objetivos mientras adoptan la idea del trabajo en equipo y la unión. Los Aries son líderes y gobernantes por encima de otros. Son naturalmente valientes y no temen arriesgarse.

Aries también posee un aspecto juvenil y una energía tal que, independientemente de su edad, todavía puede completar tareas. Aries también es valiente y optimista cuando los demás dudan. Su entusiasmo puede ser contagioso, consiguiendo que quienes lo conocen se sientan muy cómodos a su alrededor.

Las personas que son Aries pueden tener un mal carácter cuando sienten que no están consiguiendo lo que necesitan, lo que también puede hacerlos impulsivos y, en ocasiones, agresivos. Les gusta la ropa cómoda, los retos físicos y disfrutan de los deportes individuales.

Por otro lado, no les gusta la inactividad ni toleran los retrasos. Creen en trabajar con los talentos propios y se toman los roles de liderazgo muy en serio.

Tauro (20 de abril – 20 de mayo)

Son personas con los pies en la tierra que también son prácticas; sienten la urgente necesidad de estar rodeadas de amor y positividad en todo momento y aman los placeres físicos. A las personas nacidas bajo este signo les encanta disfrutar de los frutos de su trabajo. También consideran los placeres del gusto y del tacto como los sentidos más importantes.

Son conservadores estables, lo que los convierte en los más confiables de todos los signos del zodíaco, ya que siempre están dispuestos a soportar y mantener sus elecciones hasta alcanzar la satisfacción personal.

El elemento para Tauro es la tierra; son personas que pueden ver las cosas desde una perspectiva práctica, lo cual también es realista. También tienden a ganar dinero fácilmente, mientras permanecen en un solo proyecto durante muchos años hasta completarlo.

Lo que muchas personas ven en ellos como terquedad es su compromiso y capacidad para terminar un proyecto que empezaron. Los Tauro son excelentes empleados, los socios adecuados y amigos a largo plazo que te apoyarán en todos los obstáculos que te presente la vida.

Debido a su conexión con el elemento tierra, tienden a ser sobreprotectores. A veces, también son materialistas, con visiones del mundo basadas en dos cosas: el dinero y la riqueza.

Tauro está conectado con el planeta Venus, que resulta ser el planeta del amor, la creatividad, la belleza y la atracción. Estos tiernos atributos convierten a la persona Tauro en un gran cocinero, amante, artista y jardinero. También son personas leales a las que no les gustan los cambios espontáneos ni las críticas.

Independientemente de lo apegados que estén emocionalmente a una situación, pueden hablar con un tono práctico y ser la voz de la razón en una situación poco saludable. Las personas Tauro son intransigentes y posesivas cuando quieren serlo.

También se les considera personas responsables en la sociedad, que se dedican a causas que les tocan el corazón. Son personas en quien confiar, con las que amigos y familia pueden contar en cualquier momento.

Géminis (21 de mayo – 20 de junio)

Los Géminis expresan dos personalidades diferentes en una misma persona y no puedes estar seguro de cuál de ellas te tocará en cada momento.

Pueden ser muy amigables, estar dispuestos a pasar un buen rato y ser ingeniosos.

Los Géminis pueden ser muy divertidos en un momento y de repente volverse serios; esto muestra la presencia de las personalidades duales que encarnan. Tienen una fascinación enorme por el mundo, lo que hace que sean curiosos, pero nunca parecen tener el tiempo suficiente como para experimentar lo que visualizan.

Géminis pertenece a los signos de aire y está regido por Mercurio, el planeta que representa el movimiento, la comunicación y la escritura. Las personas nacidas bajo este signo tienden a lidiar con la sensación de extrañar a alguien que debería completarlos. De ahí que, constantemente busquen amigos, compañeros y personas con quienes compartir un vínculo.

Géminis tiene una mente abierta y flexible, convirtiéndose así en una persona muy artística. Sus habilidades también le hacen brillar en los sectores comerciales y deportivos. Son versátiles, amantes de la diversión y tienen un deseo innato de experimentar todo lo que hay en el mundo.

Tienen un carácter muy inspirador que no resulta aburrido. Esto es debido a que son cariñosos, gentiles y que pueden adaptarse rápidamente a cualquier tipo de situación. Los Géminis tienen la capacidad de aprender rápidamente a la vez que intercambian ideas con los demás con rapidez; pueden hacer cambios de personalidad en cuestión de segundos para adaptarse a una situación en particular.

También son amantes de la música, los libros, las revistas y los viajes cortos en el tiempo. Sin embargo, los Géminis pueden ser inconsistentes debido a la situación de doble personalidad, lo que también hace que sean nerviosos e indecisos.

Cáncer (21 de junio – 22 de julio)

Este es uno de los signos del zodíaco más desafiantes; son intuitivos pero sentimentales, muy emocionales pero igualmente sensibles. Aquellos bajo el signo de Cáncer cuidan genuinamente de su familia. Tienen una forma reflexiva de apegarse a las personas y son individuos leales.

Para un Cáncer, resulta fácil empatizar con el dolor y el sufrimiento de otras personas porque están guiados por sus emociones y por su corazón. Aunque podrían tener dificultades para integrarse en el mundo que les rodea, esto se puede rastrear hasta sus experiencias infantiles, cuando les costaba relacionarse con otros.

Tienen muchos cambios de humor, les falta paciencia y pueden utilizar la autocompasión para manipular a los demás (lo que a veces los hace parecer egoístas). Siempre son rápidos a la hora de ayudar a otras personas y para evitar los conflictos. Cuando están en paz con las decisiones que toman en la vida, tendrán una sensación de plenitud al estar rodeados de su familia y seres queridos.

A los nacidos bajo el signo de Cáncer les encanta la emoción de tener una familia amorosa en un hogar feliz y son patriotas que lucharán por la causa de los demás, incluso si tienen que poner sus vidas en peligro. Los Cáncer son personas tenaces y muy imaginativas que pueden ser persuasivas.

También tienden a ser inseguros, de ahí la razón por la que desconfían de los demás, lo que les conduce al pesimismo y al mal humor. Les gusta relajarse cerca del agua, disfrutar de una buena comida y de sus aficiones en casa.

Leo (23 de julio – 22 de agosto)

Los líderes natos están bajo el signo de Leo; son un grupo emocionante de personas que son dramáticas, seguras de sí mismas y creativas. Los Leo pueden dominar cualquier situación y son difíciles de resistir; pueden conseguir lo que se propongan en cualquier ámbito, siempre y cuando estén comprometidos con ello.

Los Leo tienden a tener la mentalidad del "Rey de la Selva", lo que hace que tengan mucha fe en sí mismos. Son bastante generosos, leales con los demás y tienen muchos amigos. Los Leo también son atractivos, están regidos por el signo del Sol y son capaces de unirse a diferentes grupos de personas.

Los Leo pueden liderar a las personas hacia una causa común y, con su sano sentido del humor, hacen que las colaboraciones sean más fáciles, logrando así los objetivos con mayor facilidad.

El signo Leo pertenece al elemento del fuego al igual que Aries y Sagitario, por lo que son personas de gran corazón y enamoradas de la vida, siempre tienen una bonita sonrisa y se lo pasan bien. Pueden resolver los problemas más desafiantes usando sus mentes y pueden salir airosos de situaciones complicadas.

Los Leo siempre están en busca de la autoconsciencia y del crecimiento de su ego; también son conscientes de sus deseos y del efecto que tiene su personalidad sobre otras personas, pero pueden descuidar fácilmente a los demás cuando están en la búsqueda de su propia ganancia y estatus.

La mayoría de los Leo tienen personas que no los quieren y que quieren derribarlos, especialmente en los lugares de trabajo y en otros espacios competitivos. Esto se debe a que los Leo tienen antecedentes de éxito muy intimidantes.

Los Leo también son de buen corazón cuando te acercas a ellos, pueden ser alegres, divertidos, y les encanta la admiración. Pero no les gusta que los ignoren, lo que podría presentarlos como personas egocéntricas.

Virgo (23 de agosto – 22 de septiembre)

Una cosa que notarás en un Virgo es el hecho de que prestan atención a los detalles más nimios. También tienen un profundo sentido de la humanidad, lo que los convierte en uno de los individuos más cuidadosos de todos los signos. Los Virgo tienen un patrón sistemático de vida que los hace hacerse cargo de todo y no dejar nada al destino, al azar o a la suerte.

Pueden ser muy tiernos, pero sus corazones pueden estar cerrados al mundo, lo que puede hacer que sea un signo completamente incomprendido porque pueden expresarse, pero no aceptarían sus sentimientos como reales.

A menudo sienten que lo están experimentando todo por primera vez; su elemento es la tierra, lo que hace que encajen a la perfección con un Tauro o Capricornio. Los Virgo son líderes influyentes, pero también son conservadores, bien organizados y les gusta el sentido práctico de la vida.

A un Virgo le gusta estar organizado; en ocasiones, incluso en una situación caótica, se mantienen organizados con metas y sueños estrictamente definidos. Les preocupa perderse algún detalle que pudiera ser demasiado difícil para remediar más tarde, y pueden pasar un tiempo significativo obsesionándose con los detalles.

Estas personas también pueden ser críticas y preocuparse demasiado por cuestiones que a otras personas no les importa. El planeta que rige Virgo es Mercurio, lo cual representa tener un sentido bien desarrollado del habla, la escritura, así como otras formas de comunicación.

Muchos Virgo pueden sentirse inclinados a la escritura o el periodismo, gracias a sus habilidades naturales para expresarse mediante la palabra escrita. Además, poseen un deseo innato de servir a los demás, lo que los convierte en los candidatos perfectos para roles de cuidadores, con la misión de ayudar a otros.

Los Virgo pueden ser tímidos cuando están en presencia de personas a las que admiran, pero son leales, trabajadores, amables y analíticos con lo que hacen. También tienden a preocuparse por todo lo demás y son demasiado críticos consigo mismos y con los demás. Creen en el mantra: "Todo trabajo y nada de diversión", enfatizando su adicción al trabajo y a estar demasiado concentrados.

A los Virgo les gustan los animales, los libros, la comida y la limpieza, pero también les gusta ser el centro de atención, lo que hace que algunas personas los consideren groseros.

Libra (23 de septiembre – 22 de octubre)

Las personas nacidas bajo el signo de Libra son muy pacíficas y odian estar solas. Les encantan las relaciones sociales, les fascina la simetría, el equilibrio y siempre buscan la justicia, la equidad y la igualdad. Muéstrame un activista que no se rinda en su búsqueda; verás a un Libra de pies a cabeza.

Libra hará lo que sea necesario para evitar el conflicto, incluso cuando aboga por la igualdad; en cambio, adoptará un enfoque pacífico. El elemento de Libra es el aire; son intelectuales activos que requieren estímulos mentales constantes y, al mismo tiempo, se inspiran en buenos libros.

Los nacidos en el signo de Libra también tienen mucho que decir, pero deben tener cuidado con lo que dicen cuando están rodeados de gente (podrían meterse en problemas diciendo algo incorrecto a la gente equivocada).

No quieren una pareja que les haga ignorar sus propias opiniones, y también son grandes amantes de las cosas caras y materiales. Les encanta visitar lugares hermosos y son amantes de las bellas artes. Un Libra puede ser justo y sociable, pero indeciso.

También les resulta fácil practicar la autocompasión consigo mismos cuando sienten que les han ofendido, y esto puede hacer que guarden rencor durante un largo período de tiempo. Aunque son muy cooperativos, a los Libra no les gusta amoldarse a las normas establecidas. No les gustan las personas bocazas, pero les encanta compartir con los demás.

Escorpio (23 de octubre – 21 de noviembre)

Son personas muy apasionadas que también son muy asertivas. Están totalmente centradas, determinadas y decididas, con el deseo de buscar la verdad hasta que la encuentran. Escorpio es un gran líder que es consciente de las situaciones e intenta utilizar su ingenio para calmar las aguas.

Escorpio también es un signo de agua y vive para las experiencias y para la expresión de las emociones. Sí, los sentimientos son esenciales para el Escorpio, pero tienden a manifestarlos de forma diferente a otros signos de agua. El Escorpio puede guardar un secreto (sin importar cuál sea).

El planeta de la transformación y regeneración es Plutón, y este es el planeta regente de Escorpio; de ahí la razón de su actitud calmada y relajada. Suelen tener una apariencia misteriosa, ya que la gente suele decir que los nacidos bajo el signo de Escorpio son feroces, pero esto se debe a que comprenden las reglas del universo.

Algunos Escorpio aparentan más edad de la que tienen en realidad, pero también son unos líderes excelentes, dedicados a lo que hacen. Odian el comportamiento deshonesto y pueden ser extraordinariamente celosos, pero el Escorpio necesita aprender cómo adaptarse rápidamente a las situaciones.

Los nacidos bajo este signo son valientes, tienen muchos amigos porque atraen a las personas adecuadas y son buenos amigos de los demás (muy solidarios). Pueden establecer amistades a largo plazo porque son honestos (por lo que hay pocos o ningún malentendido con sus amigos).

A un Escorpio no le gusta que alguien revele un secreto porque detestan a las personas que son deshonestas y pasivas. Si tienes un Escorpio a tu lado, tienes un amigo de verdad. A veces, a un Escorpio se le puede tildar de terco, pero esto también se interpreta como valentía por otras personas.

Lo más llamativo sobre ellos es su naturaleza ingeniosa. Nunca hay un momento aburrido con un Escorpio, siempre saben cómo hacer las cosas.

Sagitario (22 de noviembre – 21 de diciembre)

Las personas bajo este signo son grandes comunicadores; son tan buenos expresándose que encandilan a su círculo de amigos y familiares.

Su naturaleza intranquila hace que les sea más fácil disfrutar de nuevas experiencias que pueden explorar con sus sentidos y actividades aventureras. Un Sagitario típico es un gran viajero que tiene historias y relatos de viajes a lugares nuevos que animan su conversación. Son personas sinceras que pueden ser bruscas porque no ven la necesidad de ser diplomáticas. La frase: "Dilo como es", es la típica en un Sagitario.

Las personas que son Sagitario valoran mucho la amistad y las relaciones que cultivan en sus vidas. Siempre están dispuestas a escuchar y a sentir compasión por las personas que necesitan consejo y se les describe como personas encantadoras y de buen corazón.

Aunque son amigables y serviciales, también pueden ser firmes en cuanto a cómo les tratan las personas. No exigirán obediencia, pero no se equivocarán en tratar con personas que sean irrespetuosas con ellos.

Las personas nacidas bajo este signo tienen una mente abierta, lo que hace que sean aptos para el término: "Ciudadano global". Pueden cambiar de un estado mental a otro sin pestañear. Lo más sorprendente es el hecho de que harían cualquier cosa por un ser amado.

Capricornio (22 de diciembre – 19 de enero)

La pasión es la palabra clave que utilizamos para describir a un Capricornio típico. Quieren lograr tanto en la vida porque han nacido con sueños. Pueden ser algo tímidos, especialmente cuando se encuentran con personas nuevas, pero en el momento en que consiguen una conexión contigo, aparece su lado brillante.

A los Capricornio les encanta demostrar que la gente está equivocada, de ahí su naturaleza ambiciosa. Si algo es inalcanzable antes de que ellos aparecieran en escena, se esforzarán por hacerlo y no huirán del desafío.

Un Capricornio puede dedicar toda su vida a trabajar incansablemente, experimentando agotamiento por cansancio, para luego volver al mismo trabajo al día siguiente como si no hubiese sucedido nada el día anterior.

Un aspecto divertido del Capricornio es que valoran a las personas que quieren y que son

FEROZMENTE protectores con ellas. Harían cualquier cosa para que sus seres queridos se sintieran seguros.

Tienen mucho amor por dar y un corazón muy puro (especialmente cuando no te interpones en su camino del éxito). Contrariamente a otros signos a los que les resulta difícil quedarse solos, un Capricornio típico disfruta de su propia compañía.

Anhelan las amistades cercanas y se esfuerzan por salir con los amigos, pero una vez que salen, quieren guardar silencio y volver a casa. Los Capricornio son cariñosos, pero no dudan en cortar los lazos contigo si te llevas mal con ellos.

Los Capricornio son leales, defienden sus creencias y son la combinación perfecta de firmeza y ternura por dentro. Son divertidos, aunque sarcásticos al mismo tiempo. Una cosa es segura; si quieres un buen consejo, llama a un Capricornio. Recibirás una respuesta directa sin mensajes ocultos.

¿Con qué horóscopo eres compatible?

Todos queremos tener relaciones exitosas; nos sentimos bien al saber que hemos logrado un emparejamiento con alguien que es "perfecto" para nosotros. Pero, esto sólo es posible cuando ambos son compatibles. Sin embargo, se debe ser lo suficientemente valientes como para enfrentarse a desafíos abrumadores y salir victoriosos.

Ser compatible significa que dos o más personas pueden existir y trabajar juntas con poco o ningún conflicto. Incluso cuando existen diferencias, las partes involucradas se sienten libres para expresar su opinión y trabajar en la resolución de sus problemas.

Existen formas diferentes de compatibilidad entre las personas, pero para quienes están preocupadas por el aspecto astrológico, los signos del zodíaco tienen un gran significado. A menudo se recomienda que salgas con alguien compatible con tu signo, ya que se pueden evitar muchos fracasos en las relaciones cuando esto sucede.

Lo más emocionante es el hecho de que no sólo hay un signo compatible con el tuyo. Descubrirás que, para tu signo, probablemente haya dos o tres signos más. Hay un grupo más completo de personas a tu disposición en el que buscar para encontrar tu emparejamiento perfecto.

Entonces, ¿cuáles son los signos astrológicos compatibles?

Acuario

¡Géminis y Libra son tus signos compatibles! Estos tres signos disfrutan rodeándose de personas, pero no se toman a la ligera su libertad o independencia. Siempre anhelan pasar tiempo a solas consigo mismos, por lo que esto no sería un problema para un Géminis o Libra que salga con un Acuario porque comprenden la necesidad de estar solos la mayoría de las veces.

Acuario, Libra y Géminis no se conforman con las normas y reglas sociales para emparejarse, ya que permiten que cada uno explore libremente, viaje solo, e incluso se entusiasman con la idea de tener dormitorios separados en la casa. Si un Acuario tiene la suerte de encontrar un Géminis o un Libra, entonces tienen la fortuna de encontrar a alguien que lo comprenda por dentro y por fuera.

Piscis

Si eres Piscis, eres compatible con Escorpio y Cáncer, te sentirás atraído por personas de estos signos, ya que esta es la mejor manera de asegurarte una relación duradera. Debido a que comparten signos de agua, comprenderás mejor los estados de ánimo de cada uno.

Ahora bien, esto no significa que los tres signos sean temperamentales. Sólo significa que no son exactamente los signos más fáciles de manejar que existen. La mayoría de las personas piensan en un "gran nivel de mantenimiento" cuando recuerdan la conexión entre estos signos, pero si el Piscis encuentra al Escorpio o Cáncer, sus emociones se pueden expresar fácilmente.

Es muy probable que la relación entre estos signos tenga éxito a largo plazo porque cada signo tiene la libertad de ser expresivo con el otro, lo cual es una característica de las relaciones que tienen éxito.

Aries

Un Aries es compatible con Leo, Géminis, Acuario y Sagitario. Aries tiene una personalidad magnética y, aunque pueden ser muy competitivos y ser un poco controladores, son adorables. Cuando un Aries aparece en una fiesta, es cuando la fiesta comienza y, si organiza una, todos querrán recibir una invitación.

Muchos signos son compatibles con Aries, excepto el propio Aries porque estarías uniendo a dos personas que tienen demasiada energía. Por lo tanto, Leo, Géminis, Acuario y Sagitario son el emparejamiento perfecto.

Tauro

Tauro es la pareja perfecta para Virgo y Piscis. Los Tauro son conocidos mayormente por su terquedad, pero, en realidad, son personas muy determinadas que se ven motivadas a lograr más. Les gusta hacer las cosas y tienden a tener éxito porque son proactivos con la vida.

Esta fortaleza mostrada por Tauro es lo que los convierte en la pareja perfecta para Virgo y Piscis porque estos signos también son poderosos. Virgo es muy trabajador y determinado; Piscis tiene un carácter fuerte.

Por lo tanto, el romance entre un Tauro y un Virgo o Piscis será encantador y muy emocionante para las partes implicadas.

Géminis

Acuario y Libra son los signos compatibles con Géminis. Las personalidades de Géminis pueden ser un gran reto. Los Géminis son dulces, por lo que atraen a Libra y Acuario dado que estos signos viven de la atención y el afecto.

La mejor forma para que estos dos signos estén a tu lado es prodigándoles amor como si fueran los únicos en el mundo. Géminis también se lleva bien con otros Géminis porque pueden manejarse y comprenderse el uno al otro a la perfección.

Cáncer

Un Cáncer es compatible con Escorpio y Piscis. Los Cáncer pueden ser muy celosos porque se imaginan muchas películas e historias románticas. Los Escorpio y Piscis los devuelven a la realidad.

Escorpio presta atención a los detalles y puede hacer desaparecer los celos, mientras que Piscis, aunque también es romántico como Cáncer, proporciona un tono equilibrante a la relación, convirtiéndola en una relación fluida.

A Cáncer le encanta el drama y Piscis puede ser dramático cuando lo requiere el momento, por lo que en lugar de tratar a Cáncer como alguien que busca atención, Piscis le permite al signo ser la mejor versión de sí mismo.

Leo

Leo funciona mejor en una relación con Libra, Géminis, Aries y Sagitario. Los Leo son bastante exigentes en cuanto a relaciones y cuestiones de amor, por lo que estos signos pueden aguantar su comportamiento. A los Leo les gusta pensar que pueden dirigir toda la relación, por lo que les gusta que les traten como a la realeza.

Sagitario, Libra y Géminis no tienen problemas en tratar a Leo como la realeza, Aries podría tener ciertas dificultades con esta expectativa. Sin embargo, Leo y Aries funcionan bien juntos porque supone un desafío para ambos (el león y el carnero mirándose fijamente), lo que inspira un deseo de más amor y vida.

Virgo

Un Virgo es el más adecuado para un Tauro y un Capricornio. Virgo es un signo de tierra, por lo que es fundamental que también se una a otros signos de tierra como Capricornio y Tauro. Estos signos se complementan entre sí, pero también comparten un enfoque práctico de lo que les ofrece la vida.

Las personas prácticas siempre se llevan bien. Cuando un Virgo y un Tauro o un Capricornio se conocen en su primera cita, sus conversaciones pueden parecer aburridas para otros signos, pero también pueden ser el momento en el que las estrellas se alineen para que ambos se embarquen en una relación amorosa dulce y satisfactoria.

Libra

Un Libra es compatible con Leo y Sagitario. Existe una armonía pacífica con Libra que lo convierte en un signo hermoso para otros signos. Un Libra puede llegar a tu vida caótica y sorprenderte completamente, aportando armonía y emoción.

Leo disfrutará de una relación con un Libra porque ambos aman las cosas bellas de la vida. Libra también puede construir una relación exitosa con otro Libra, creando así una relación muy pacífica y hermosa.

Escorpio

Escorpio es más compatible con otro Escorpio o Piscis. Esta combinación podría parecer una elección inusual, pero existe una elevada tasa de éxito en estas relaciones. Las relaciones con estos signos suelen estar plenas de amor y felicidad, lo que la convierte en una de las uniones más potentes entre los signos.

Dos Escorpio que se unen disfrutarán de la naturaleza reservada de cada uno de ellos, las habilidades para resolver problemas, y del amor por descubrir la verdad mientras luchan por la justicia. Piscis también encaja bien con un Escorpio porque ambos tienen una naturaleza peculiar; sólo ambos pueden apreciarse el uno al otro.

Tanto Piscis como Escorpio carecen de temor en su devoción al amor, por lo que estar en una relación juntos será una experiencia emocionante, ya que ambos se entregarán el uno al otro mientras dure la relación.

Sagitario

Un Sagitario es compatible con Libra, Acuario, Leo y Aries. A pesar de que los Sagitario se aburren con facilidad, son capaces de mantener la relación dulce y picante, un rasgo que los demás signos encuentran encantador. Aunque a los Leo les encanta hablar y pensar sobre sí mismos, a veces pueden hacer que la situación sea aburrida, motivo por el cual debe intervenir Sagitario, para restablecer el equilibrio.

Capricornio

Los Capricornio y Tauro son signos de tierra, lo que los convierte en el emparejamiento perfecto. Ambos son signos apasionados que aprecian cómo enfocan la vida cada uno de ellos.

Tauro le da mucha importancia al dinero y lo mismo le sucede a Capricornio. Tauro también aprecia la dedicación y el trabajo duro de Capricornio, convirtiendo la relación en amorosa y solidaria.

Capricornio admira las ambiciones. Teniendo en cuenta que Tauro también es un triunfador, ambos signos formarán un buen matrimonio en el que haya respeto mutuo por el esfuerzo que ambos ponen en la unión.

Tauro y Capricornio también creen en hacer las cosas de la forma correcta, aunque tengan que hacerlo solos, otra razón por la que son el emparejamiento perfecto. Discutirán en la relación, pero se les pasará rápido porque mantienen una conexión intensa.

Otro signo que es compatible con Capricornio es Piscis. Con ambos signos, se da el caso de "Los opuestos se atraen", y sus diferencias serán un factor beneficioso para la relación.

Mientras que Capricornio ayuda a Piscis a establecer una sensación de seguridad, Piscis ayuda a Capricornio a relajarse lo suficiente como para divertirse un poco. La unión entre Capricornio y Piscis tiene un potencial excelente con las fortalezas y debilidades de cada uno en el centro de la relación.

Virgo también es compatible con Capricornio; ambos aman el éxito y serán grandes modelos a seguir para otras parejas. Su naturaleza práctica en materia de finanzas los ayudará a tomar las decisiones financieras correctas.

Los Virgo y Capricornio también son muy trabajadores. Se inspirarán siempre mutuamente para mejorar en su trabajo y en sus carreras profesionales. Ambos signos también tienen el mismo tipo de vida social en la que no pasan su tiempo con muchas personas.

Tanto Virgo como Capricornio disfrutarán de muchas noches de citas y pasarán tiempo juntos en lugar de salir con otros amigos y parejas.

Es necesario que comprendas por qué los signos están ubicados como lo están en cuanto a las relaciones, así que profundizaremos más en este tema en el próximo capítulo.

Capítulo 3
Entendiendo las relaciones

El capítulo dos fue una continuación del capítulo uno y una manera de compartir los enfoques más fundamentales sobre la astrología. Necesitarás comprender cómo funciona y cómo se aplica a tu vida. De ahí la razón de este capítulo.

Ahora cambiamos el rumbo hacia el concepto de ganar una comprensión sobre cómo la astrología afecta a tus relaciones. Todos nos preocupamos por las personas con las que estamos en contacto, y es innato en nosotros reflexionar sobre las personas que se convierten en el objeto de nuestros afectos.

Siempre nos dominan preguntas en nuestra mente como: "¿Esta persona es la adecuada para mí?" "¿Debería salir con esta persona?" "¿Seríamos una pareja formidable?" "¿Qué sucedería si rompemos?".

Estas preguntas no desaparecerán nunca hasta que te decidas por la persona adecuada. Por eso, lo mejor que puedes hacer es conseguir las respuestas y la astrología tiene las mejores soluciones para ti.

La astrología es como un espejo que, al mirarte en él, te refleja la realidad. Por lo tanto, ¿dónde más podrías encontrar las respuestas que necesitas con respecto a una relación de pareja?

Así que, en este capítulo, obtendrás una visión exhaustiva del aspecto relacional de la astrología. Este aspecto te permitirá obtener respuestas a las preguntas que buscas.

En esta sección, también encontrarás ideas sobre cómo puedes tomar las decisiones correctas con respecto a las personas que amas.

Para que puedas comprender totalmente la idea de las relaciones y la astrología, debes saber lo que significa tener un alma gemela. Un alma gemela es esa persona única en el mundo con la que te conectas a un nivel más profundo.

La relación que tienes con esta persona nunca es perfecta, pero ambos se esforzarán continuamente para mejorarla. Lo más hermoso de esta relación es que nunca se rendirán.

Algunas personas no encuentran nunca a sus almas gemelas, por lo que se unen con alguien por quien sienten algo y que es el adecuado en ese momento. Para otras personas, no importa cuánto tengan que esperar; su búsqueda continúa hasta que encuentren al "Único".

Pero con la astrología, no tienes que esperar mucho tiempo. Cuando ya conoces los signos que son perfectos para ti y quiénes son los más compatibles contigo, te ahorras el estrés de una búsqueda general.

La astrología te proporciona el conjunto adecuado de información que te permitirá buscar a tu alma gemela y obtener resultados positivos. Así que, cuando sucede una atracción entre dos signos compatibles, lo que ocurre es que se encuentran sus signos solares y sus ascendentes.

Lo que significa que el Sol y el Ascendente causan atracción entre dos personas, mientras que la Luna, Venus y Marte son los factores determinantes de la fuerza de conexión, que en última instancia sostiene la relación.

Algunos aspectos importantes de la sinastría:

Los aspectos Trino y Sextil entre ambos planetas crean una mezcla de energía, pero en ocasiones, la relación puede volverse demasiado cómoda para las partes involucradas, haciéndola muy monótona.

Los aspectos entre la Luna y Venus o Marte muestran si las dos personas están emocionalmente en sintonía entre sí. Los aspectos tensos pueden causar estrés en la relación, impidiendo así que las partes se relacionen entre sí a un nivel íntimo.

Casas

No podemos completar nuestro análisis astrológico de las relaciones sin hablar sobre la interacción de las casas entre dos cartas que determinan el papel que los individuos se asignan mutuamente con respecto a los planetas.

Cuando comparamos cartas natales, los planetas en las casas 1, 5, 7 y 8 son significativos porque estas son las casas que tienen los temas del amor. Cuando algunos de tus planetas caen en las casas 1, 5, 7 y 8 de la carta de tu posible pareja, sin duda existe la probabilidad de una relación íntima. Entonces, ¿qué representan las casas en la sinastría?

La casa 1 (Ascendente)

Nuestra personalidad exterior está regida por la primera casa; la atracción sucede cuando descubrimos a alguien cuya imagen y carácter nos resultan atractivos. Cuando los planetas entran en la primera carta de la casa de otra persona, habrá una fuerte atracción entre ambas partes.

La casa 5

La quinta casa rige el placer y el romance; si hay muchos planetas en la quinta casa o en la de la pareja en una relación, entonces existe un vínculo fuerte de amistad. Las dos personas involucradas disfrutarán de actividades similares y tendrán las mismas preferencias y las mismas aversiones.

La casa 7 (Descendente)

Esta casa rige las relaciones de pareja y de negocios; es una casa esencial para los matrimonios. Si los planetas de una persona ocupan la séptima casa de su pareja, es muy probable que conduzca a un matrimonio exitoso.

La casa 8

Esta casa rige el sexo y, dependiendo del planeta que la ocupe en un momento dado, la persona podría sentir el impulso de controlar a su pareja. Las tendencias obsesivas también son manifestadas por la persona cuyo planeta ocupa la octava casa. Cuando los planetas ocupan la octava casa, puedes estar seguro de una atracción intensa entre ambos.

A través del concepto de la sinastría, se comprenden las dinámicas de las relaciones y el amor. Hay muchas cosas que afectan el curso de nuestras vidas, pero el contacto que mantenemos con otras personas tiene un efecto más profundo; por lo tanto, la sinastría debería tenerse en cuenta con una mente abierta.

El conocimiento de la sinastría que has leído abarca los principios fundamentales de lo que define el amor y las relaciones amorosas desde un punto de vista astrológico. Para obtener una evaluación precisa de cualquier emparejamiento, debes tener en cuenta todos los aspectos de la sinastría.

Antes de que pasemos a la siguiente idea, que es una explicación detallada sobre tus mejores días para el romance y la amistad, debes saber que también existe una conexión entre la proximidad de tu signo y el de tu pareja. Consideremos esto rápidamente, ¿de acuerdo?

La relación entre quienes comparten el mismo signo siempre es fácil y fluida porque ambas partes sienten que se están mirando en un espejo, viendo sus fortalezas y debilidades.

Las relaciones entre aquellos que están separados por un signo se comparan con una relación de maestro y alumno. Una parte tiene que permitir que el otro tome el mando. Un ejemplo de este tipo de vínculos sería una relación entre un Cáncer y un Leo o entre un Aries y un Tauro.

Para las personas que están separadas por dos signos, la amistad es la base de su relación, incluso cuando se enfrentan a desafíos graves que podrían resultar en una ruptura, la amistad los mantiene unidos. Ejemplos de ello son Virgo y Escorpio o Géminis y Leo.

Para aquellos que están saliendo con personas que están separadas por tres signos, la relación puede ser muy tensa, pero se puede manejar. Ejemplos son Piscis y Capricornio o Sagitario y Acuario.

Si estás saliendo con alguien con cuatro signos de diferencia, la relación fluirá de manera natural y sin esfuerzo. Ambos sentirán que están hechos el uno para el otro. Ejemplos de esta buena combinación incluyen: Géminis y Libra o Tauro y Capricornio.

Para las relaciones en las que hay cinco signos de diferencia, habrá algunos desafíos en cuanto a la comunicación, pero si hay amor en el corazón de la relación, ambos estarán bien. Ejemplos de esto incluyen Virgo y Aries o Libra y Piscis.

Tus mejores días para el romance y la amistad

¡Imagínate esto!

Estás en el elegante restaurante al que siempre has deseado ir con una cita. Hay una vela encendida en la mesa y estás con ese chico o chica que es todo lo que siempre has soñado en una pareja. En ese instante, te dices: "Mis estrellas deben haberse alineado. ¿Esto realmente está sucediendo?".

En ese momento, parece que nada podría ir mal, hasta que, tres días después de la cita, descubres que tu acompañante te ha bloqueado en todas las redes sociales y nunca recibes otro mensaje después de haber enviado varios.

Esta es la historia típica de una experiencia de citas para un joven o una joven; a veces parece que todo es cuestión de "ensayo y error" hasta que encuentras a LA PERSONA que realmente hace que funcione.

Sería útil que consiguieras información sobre cuáles son los mejores momentos para sumergirte en una cita y conocer a alguien que responda a tus mensajes de texto después de tres días. Por supuesto, quizás quieras saber si esa persona es compatible contigo (averigua su fecha de cumpleaños y haz los cálculos astrológicos utilizando los detalles del capítulo 2).

Pero, además de saber si son compatibles, también tienes que saber si el momento es el adecuado para ti. Ahora bien, los planetas nunca son estáticos (¿no desearíamos todos que lo fueran?), lo que significa que tus posibilidades van cambiando a medida que se van moviendo y que cambia la energía que hay a tu alrededor.

Sería bastante inseguro decirte que te arregles un lunes o un martes porque ese es tu día exacto para el amor y la amistad. Lo que podemos hacer es darte tus predicciones para el amor el próximo año, basadas en el movimiento de los planetas y de tu signo astrológico en particular.

Esta es la única sección en este libro que está sujeta a cambios, porque si lees este contenido en el año 2026, el informe podría ser diferente. Más adelante, podrías consultar a un astrólogo para que te proporcione los detalles basados en lo que está sucediendo con los planetas en ese momento.

Entonces, ¿cuál es el mejor momento para el amor para ti en 2025? ¿Vas a hacer nuevos amigos?

Aries

Este año te enfocarás en ti mismo y en tu carrera profesional, por lo que es posible que no encuentres ninguna pareja nueva o duradera, pero eso está bien. Aun así, te divertirás con las personas que conozcas.

Pero, si todavía estás enfocado en el amor y quieres conocer a alguien, debes mantener una mente abierta. Explora nuevas opciones y espera con ilusión la llegada de agosto, porque es un mes especial para añadir un poco de picante y dulzura a tu vida.

Tauro

Si estás buscando a alguien especial este año, entonces estás de suerte. Encontrarás a alguien nuevo o a alguien del pasado para una relación a largo plazo. Será emocionante, poderoso y bastante repentino también. Puede que hayas sentido que nunca encontrarías a esta verdadera alma gemela, pero este es un buen momento para que suceda.

Júpiter derramará el polvo dorado en tus relaciones mientras el cielo ilumina tu Casa de la intimidad. Tómate el tiempo que necesites para considerar lo que das en la relación y lo que recibes, mientras comunicas tus deseos a otra persona. ¡Abre tu corazón este año; mantente listo para el amor!

Géminis

¡Oh! ¡Los Géminis deberían prepararse porque este es el año del amor para ellos! Los años anteriores que pasaste alcanzando el crecimiento espiritual te conducirán a situaciones en las que conectarás con una pareja potencial.

Deja atrás para siempre los años en los que has estado luchando por el amor porque el universo está a punto de abrirte algunas puertas. Júpiter es el planeta bendecido por la suerte y la fortuna, y se estará moviendo por tu Casa del Matrimonio y Compromiso durante todo este año hasta el 3 de diciembre.

Encontrarás a alguien a quien le guste vivir aventuras contigo y esta persona estará dispuesta a llevar la relación al siguiente nivel. Si ya tienes una relación maravillosa o matrimonio, entonces las cosas ciertamente están mejorando para los dos.

Cáncer

Si has trabajado en ti mismo durante este año, el año 2025 es el año en el que encontrarás tu verdadero amor, de manera que estás a punto de forjar nuevas amistades espirituales y excelentes relaciones laborales con vínculos comerciales favorables. Más allá del espectro romántico, todas tus relaciones recibirán un empujón positivo este año.

Habrá tres eclipses significativos en tu Casa del Matrimonio y de las Relaciones este año, lo que significa que, si estás soltero, encontrar a la persona adecuada ocupará un lugar más destacado en tu mente que nunca.

Tres fechas son prometedoras para ti en el 2025: el 5 de enero (un día para abrir las puertas al amor), que conduce al 16 de julio y luego al 26 de diciembre. Estas fechas allanarán el camino para relaciones más felices. Así que, presta atención a diciembre, ¡será memorable!

Leo

Tu potencial para hallar el amor este año está alto, pero esto sólo sucederá cuando lleves a cabo cambios específicos en tu vida que te permitan ser un poco más flexible. Júpiter es el planeta de los milagros, y está danzando por tu Casa del Amor y el Romance hasta el 3 de diciembre.

Eres el más afortunado de los signos para encontrar el amor, así que sal ahí fuera y emite tu luz irresistible para que esa persona se sienta atraída hacia ti.

Virgo

En 2025 conocerás y conectarás con perspectivas románticas a largo plazo, pero debes discernir y tener claridad en tus intenciones de manera que la relación (si sucede) pueda fluir en armonía.

Deja que tu corazón te guíe este año si estás interesado en encontrar a alguien especial. Este año habrá tres eclipses en tu Casa del Amor Verdadero y de tu Romance, que tendrán lugar el 5 de enero, el 16 de julio y el 26 de diciembre.

Sé consciente de la Luna Nueva el 30 de agosto, mientras observas el tipo de vida amorosa que quieres que se manifieste. No te preocupes si ya te perdiste alguna de estas fechas, hay algo especial para ti este año, ¡y sucederá!

Libra

Si tu cumpleaños cae en la parte final del signo de Libra (sobre el 20-22 de octubre), entonces tienes una mayor probabilidad de encontrar a alguien especial este año. Pero, en primer lugar, trabaja los problemas que tuviste en las relaciones pasadas y en tu sentido de identidad.

El 2025 será bueno para ti porque estarás en el centro de tu mundo. Dale a tu pareja una atención extra porque Marte te estará potenciando a partir del 14 de febrero.

Escorpio

Tuviste mucha suerte en el amor en 2023 porque Júpiter es tu signo, pero este año se trata de crear más riqueza. No te preocupes por el amor, ya está en las estrellas para ti. Enfócate en la influencia de la Luna para que consigas contactos nuevos para amistades más sólidas.

Alguien que tenga el matrimonio en las cartas aparecerá para ti este año, pero debes mantener tu fe en el amor que será completamente tuyo.

Sagitario

En 2025 es muy probable que conozcas a alguien con quien conectarás en un nivel más alto y espiritual, pero para que esto se convierta en una relación, necesitas tener claras tus intenciones.

Deja de repetir esta frase: "No lo sé, vamos a ver si funciona", cuando conozcas a alguien con quien mantengas una conexión segura.

Júpiter te dará mucha suerte ese año, por lo que será un buen momento para las relaciones. Si tienes deseos de darle un toque sensual a tu matrimonio o relación, este es un gran año para convertirlo en realidad.

También establece la intención de lo que deseas con tu vida, para que el universo pueda proporcionarlo. Es el comienzo de un capítulo excelente en tu vida. ¡Adóptalo!

Capricornio

Este es el año para que te concentres en una visión a largo plazo. Hay tres eclipses importantes en tu signo y un indicio significativo de matrimonio o de relaciones más intensas a partir de julio (concretamente el 2º día de julio).

Este año será grandioso para ti, ya que tu destino está a punto de tomar un camino mejor en el amor. Si en la actualidad no tienes a nadie estable en tu vida, crea una lista de lo que deseas en una pareja y presta atención. Pero, no te preocupes, el 2025 es un buen año para ti y seguro que será increíble.

Acuario

2025 parece ser un año causal para ti. Conocerás a muchas personas nuevas, pero las posibilidades de establecer una gran conexión no parecen muy altas en este momento. Júpiter estará moviéndose por la Casa de las Amistades, lo que será genial para ti si te enfocas a salir más a menudo con los amigos.

Conoce a nuevas personas sin tener grandes esperanzas; pide a tus amigos que te presenten a personas nuevas, ya que esto seguramente traerá más suerte en tu vida. Así que, el panorama amoroso parece sombrío, PERO, es un año excelente para la amistad. ¡Disfrútala!

Piscis

Hay buenas noticias en el amor para aquellos bajo estos signos; lo más probable es que conozcas a alguien con quien tengas una gran conexión este año. Dado que eres conocido por tu naturaleza caprichosa, no te precipites en una relación rápidamente.

Tómate tu tiempo este año para conocer a la persona antes de comprometerte con ella. Para sacar el máximo provecho de tu búsqueda este año, concéntrate desde mediados de agosto hasta septiembre, ya que es un momento excelente para encontrar una gran pareja.

Los cuerpos celestes también te traerán buena suerte en el ámbito matrimonial. Escribe lo que deseas en una pareja y da esos pasos porque todo va a ir bien para ti este año.

Por favor, ten en cuenta que las predicciones antes realizadas están basadas en las lecturas en general de tus signos. Puedes conseguir una lectura personalizada cuando visites un astrólogo que utilice los detalles compartidos al comienzo de este capítulo sobre Sinastría para obtener una fecha más precisa.

Es más, algunos signos tienen más probabilidad de encontrar a "la persona" indicada de forma más rápida que otros, pero esto no significa que no encontrarás el amor este año. Mantén la mente abierta, permanece enfocado y, ya sea que conozcas a esa persona especial en el 2025 o no, seguro que encuentras la felicidad en tu mundo.

Cómo atraer energía positiva a tus relaciones

Pasamos gran parte de nuestro tiempo buscando el amor y preguntándonos cuándo encontraremos a "la persona indicada". Ahora que ya sabes qué buscar este año, también tienes que comprender que las relaciones son simplemente lo que son, ¡BARCOS!

Vas a subirte a bordo con esta otra persona que tiene un trasfondo y estilo de vida diferente al tuyo, lo que significa que, inevitablemente, habrá desafíos y problemas a medida que avances en el mar. Habrá vientos en calma y también habrá otros más turbulentos.

Observa tu círculo de amistades

En ocasiones, ni tú ni tu pareja contribuyen a la energía negativa que experimentan en su relación. La energía negativa se atribuye al tipo de personas que permiten que entren en sus vidas.

Hoy en día en el mundo, existe el concepto de "Noche de citas", en el cual las parejas salen para pasar un tiempo de calidad juntos, podría ser una noche de juegos o una cena en un restaurante.

El problema es que, si siempre estás rodeado de parejas que tienen un enfoque negativo hacia la vida, tú también empezarás a manifestar su negatividad.

Así que el primer paso para restablecer la energía positiva en tu relación es que evalúes a las personas con las que tu pareja y tú pasan el tiempo juntos. Si te das cuenta de que no comparten valores positivos, entonces no es necesario mantener ese tipo de amistades.

Sé un sistema de apoyo

Lo negativo triunfa en tu relación cuando no te conviertes en el sistema de apoyo de tu pareja. En la mayoría de las relaciones amorosas, este es el problema principal que sigue apareciendo y la fuente de las discusiones constantes.

Pero considera el lado positivo. Si realmente te conviertes en el apoyo del otro, existen garantías de que la pelea cesará. Habrá una mejor armonía entre tú y tu pareja.

La armonía es producto de la energía positiva; es una base excelente sobre la que construir una unión duradera que será una inspiración para todos los demás. Así que, mientras vas leyendo esta sección, ve pensando en las maneras a través de las cuales puedes mostrar más apoyo a tu pareja.

¿Podrías ser más comprensivo con respecto a los desafíos laborales? ¿Puedes utilizar palabras reconfortantes para hacerle saber a tu pareja que siempre estarás ahí para él o ella?

Una pareja que es un pilar de apoyo proporciona mucha energía positiva a la relación. Sí, todavía habrá desafíos interpersonales, pero te darás cuenta de que tu vida con la relación es mejor. Tú y tu pareja tendrán una unión maravillosa al apoyarse mutuamente.

Sé un buen oyente

A veces, cuando decimos que hay energía negativa en nuestras relaciones, lo que estamos diciendo es que una de las partes no está haciendo lo suficiente. Ambas partes tienen que esforzarse para hacer que el otro se sienta especial.

En ocasiones, cuando tu pareja se acerca a ti con un problema, él o ella no quiere consejo, puede que sólo necesite un oído y sentirse libre de desahogarse.

Al estar disponible para tu pareja, puedes eliminar la negatividad en su relación y reemplazarla con energía positiva. Más importante aún, cuando escuchas a tu pareja, no escuches para contestar, debes escuchar para comprender primero.

Incluso si tu pareja no es un buen oyente, puedes enseñarle a serlo siendo tú mismo un buen oyente. Empieza siempre preguntando a tu pareja al final de cada día cómo le fue. Por simple que sea esta pregunta, significará mucho y demostrará que te importa.

A medida que escuches a tu pareja, se hará más fácil para ambos acercarse más en el amor. Mantén las vibraciones negativas a raya y disfruta genuinamente la dicha de una relación feliz.

Por lo tanto, incluso si tu signo astrológico indica que no tienes paciencia para escuchar, haz un esfuerzo con tu pareja. Ese esfuerzo podría marcar la diferencia en tu relación.

Así que cuando la otra persona no parezca adaptarse a los cambios que queremos para nosotros mismos (lo cual, por cierto, es egoísta), recurrimos a los puñetazos, hacemos berrinches, usamos palabras hirientes e incluso intentamos chantajear emocionalmente a la persona.

Puedes disfrutar de una relación pacífica, independientemente de los lazos astrológicos de cada uno, siendo consciente del hecho de que todos somos diferentes y de que nuestras diferencias hacen del mundo un lugar emocionante.

Estás intentando cambiar a esta persona porque sólo te concentras en sus defectos, lo que es un análisis injusto. Intenta valorar las fortalezas de la persona y te sorprenderás de la profundidad de su personalidad.

Acéptalos por lo que son para ti, acepta sus pequeños gestos incómodos y ámalos por el valor, la alegría y la paz que aportan en tu vida. Estarás haciendo esto por el bien de tu relación y por tu paz interior.

Utiliza palabras positivas

Las palabras negativas producen resultados negativos en cualquier relación, y tú sabes cuáles son estas palabras: cualquier palabra que cause conflicto, dolor, ira o amargura será reemplazada por palabras amables y útiles.

Utiliza afirmaciones para decir las cosas correctas sobre tu pareja. Si crees que a tu pareja le falta un rasgo en particular que también le ayudará en su vida, habla abiertamente con él o ella y díselo.

Cuando conviertas el uso de las palabras positivas en un hábito, comenzarás a sentir cómo la energía negativa se disipa lentamente. Desde tu relación y con el rebote rápido de la energía positiva, será una experiencia fantástica.

Evita las trampas de la comparación

Las comparaciones son un factor que rompe cualquier relación y son las formas más fáciles de asegurar que la negatividad los arrastre a ti y a tu pareja. Escucha esto; siempre habrá alguien ahí fuera que se vea mejor, que sonría de forma excelente e incluso que tenga más dinero.

Pero tú elegiste a tu pareja; tú tomaste la decisión respaldada por el universo, así que no la compares con nadie más. Mantén la energía positiva encerrada con llave dentro de tu relación como si fuera una bolsa hermética. Sigue reafirmando todo lo bueno que hay en tu pareja y eso será lo que recibirás a cambio.

Expresa gratitud

A veces necesitas poner las cosas en perspectiva y estar agradecido por lo que tienes; esto te ayudará a darte cuenta de que realmente tienes muchas cosas por las que estar agradecido, en lugar de cosas por las que pelear.

Cada relación es dinámica y, si bien es saludable tener expectativas, no te olvides de apreciar tu recorrido hasta ahora y a tu pareja. Hay un momento para la crítica constructiva y un momento para la gratitud.

La gratitud, cuando se expresa, es una energía positiva que puede aportar cierta frescura a tu relación. Independientemente de cuál sea el signo zodiacal de tu pareja, a él o ella le encantará escuchar palabras de gratitud por las cosas buenas realizadas en pareja.

Así que deja de quejarte (energía negativa), de regañar (energía negativa) o cualquier otra actividad que te haga fruncir el ceño. Sonríe siempre, incluso a través de la tormenta: de esto es de lo que trata el círculo astrológico de la vida (energía positiva).

Una solución general para generar energía más positiva en tu relación es que estudies el signo de tu pareja para aprender más sobre su personalidad y luego intentes hacer cosas que le entusiasmen.

A los Leo les encanta la aventura, a los Capricornio les encanta un buen desafío, estos son algunos ejemplos. Aprende más sobre tu pareja desde una perspectiva astrológica y obtendrás ideas excelentes sobre cómo infundir energía positiva en tu relación.

¿Por qué tienes problemas con tus relaciones?

Para algunas personas, los problemas en sus relaciones no tienen que ver con conceptos como la "energía", sino que tienen problemas con saber quiénes son y con construir relaciones que encajen con sus personalidades únicas.

Vamos a terminar esta sección profundizando en las razones por las que puedes estar teniendo dificultades con tus relaciones desde un punto de vista astrológico. Cuando conozcas estos detalles concretos sobre ti mismo, estarás mejor preparado para cualquier relación y no habrá nada que te tome por sorpresa.

Acuario

Tu cabeza siempre está en las nubes, soñando y tienes problemas en las relaciones cuando sientes que tu pareja intenta controlarte o manipularte.

Debido a tu actitud independiente, tiendes a estar emocionalmente desapegado y, a veces, esto puede ser un problema si estás con una pareja que no es mentalmente capaz de manejar tu independencia y aceptarla con calma.

Piscis

Eres de las personas más emocionales, y eso es bueno y malo para tus relaciones. Expresas todos tus sentimientos con intensidad, y esto también demuestra tu incapacidad para manejar las crisis emocionales, lo que puede llegar a ser abrumador para tu pareja.

Aries

Eres un buen oyente y te encanta demostrar afecto en exceso, lo que puede hacer que tu pareja se sienta asfixiada. Tu pareja tiende a retraerse cuando se siente agobiada por ti y es entonces cuando la relación se tambalea.

Tauro

Tauro es un signo muy leal y muy dedicado a su pareja, pero el problema es que le cuesta perdonar después de haber sido traicionado. Se aferran a las cosas mal hechas por sus parejas y, con el tiempo, sus parejas se cansan de disculparse y de intentar probar que hay un cambio.

Géminis

Los Géminis son coquetos y les cuesta mantener la coherencia en sus relaciones. Les encanta la aventura, así que cuando están en pareja y sienten que empiezan a aburrirse, rápidamente saltan del barco y buscan un juego más "emocionante".

Así que, para un Géminis, encontrar el amor es fácil; el desafío es permanecer enamorado y aceptar las inevitables rutinas aburridas que vienen con una pareja.

Cáncer

Deja de esconderte detrás de una coraza dura mientras eres dulce y sensible por dentro; estás luchando porque no quieres abrirte y confiar en alguien. Es bastante inquietante el hecho de que, durante años, te aferres a relaciones de años anteriores y esto no te ayuda a ver las nuevas perspectivas que te ha enviado el universo.

Leo

Los Leo tienen un gran ego, no se comprometen fácilmente y sus relaciones se basan en compromisos. Leo sólo lo pasa mal al principio de una relación, pero si empieza a confiar en su pareja, se abrirá fácilmente y construirá una relación duradera.

Virgo

Los Virgo son perfeccionistas y las personas de sus relaciones suelen sentirse incómodas a su alrededor debido a la presión de ser perfectos. Por supuesto, esto te ayuda a identificar a los que van en serio y se arriesgarán, pero, por otro lado, a nadie le gusta que lo analicen y critiquen a cada paso.

Libra

Tienes una naturaleza amorosa, pero luchas con el hecho de ser demasiado generoso, de ahí la razón de no tener límites. Debes crear fronteras o seguirás perdiendo relaciones y cambiando de una a otra.

Escorpio

Este es uno de los signos más intensos, de ahí la razón por la que se consideran fogosos, lo que también los convierte en individuos que no perdonan. Cuando sus parejas los ofenden, un

Escorpio tarda mucho en perdonar a su pareja, y esto puede ser un verdadero problema en las relaciones.

Sagitario

Los Sagitario son personas deseosas, lo que hace que cometan errores al pensar que se han enamorado de alguien cuando sólo sienten atracción sexual por esa persona. Te enamoras de alguien y le entregas todo lo que tienes, por lo que cuando estás con la persona equivocada es fácil que se aprovechen de tus sentimientos.

Capricornio

La razón por la que tienes problemas en tus relaciones es que estás consumido por la idea de casarte y formar una familia, tanto que no dedicas tiempo a pensar si la persona con la que estás es la adecuada para ti.

También te dejas llevar por el "estatus" y siempre quieres mantener una apariencia particular, independientemente de cuál sea la realidad, por lo que te esfuerzas por hacer que tu relación parezca perfecta al mundo exterior cuando en realidad, hay un tumulto en su interior.

La astrología nos rodea por todas partes, está en el aire que respiramos y en nuestras relaciones. Para que puedas sacar el máximo de cada relación, debes ser consciente de las interpretaciones astrológicas de tus signos y de los de tu pareja (incluso parejas potenciales).

Todavía nos encontramos en nuestro camino hacia un mayor descubrimiento sobre la conexión que hay entre la astrología y la vida. ¿Qué abordaremos en el próximo capítulo? ¡Las finanzas!

Cuando todo te va bien, desde el trabajo y tu carrera hasta las relaciones, también querrás asegurarte que el mismo "bienestar" se aplique en tu capacidad financiera. Aprende más sobre esta idea en el próximo capítulo.

Las predicciones astrológicas varían en función del movimiento de los planetas, las cosas pueden cambiar en un instante. El contenido de este capítulo es para iluminarte sobre las posibilidades que tienes para hacer las amistades correctas y para crear las relaciones adecuadas en base a lo que el universo quiere para ti.

Capítulo 4
La astrología y tus finanzas

¡Dinero!
¡Independencia económica!
¡Acceso a la riqueza!

Las afirmaciones antes mencionadas llamarán la atención de cualquier persona, independientemente de su edad, género o raza, porque el dinero es un concepto universal. ¿Por qué te levantas temprano cada mañana, llevas a los niños rápidamente al colegio y te diriges a la oficina? Es porque estás en la búsqueda de dinero.

¿Por qué alguien tendría múltiples fuentes de ingresos y seguiría buscando más? Todo se debe a que el dinero es un conductor de ideas y la herramienta que utilizamos para manifestar nuestros sueños.

Pero existen varias capas en el concepto monetario; está el aspecto de adquisición, que constituye el concepto de ganancias, y también está el aspecto de la disponibilidad, que implica tener el dinero que necesitas para ejecutar los proyectos.

Luego está el aspecto de la continuidad, que implica buscar formas de tener acceso continuado a los fondos a través de canales como inversiones, ahorros, etc.

Bien, pues todos estos conceptos e ideas sobre el dinero son identificables para todos nosotros porque es algo con lo que lidiamos cada día. También debes saber que la manera en que ejecutas estas ideas y la racionalidad que subyace a tu proceso de toma de decisiones monetarias está relacionada con tu signo astrológico.

A estas alturas, ya sabes que todo está relacionado con tu signo, ya que te hemos mostrado con éxito el vínculo que existe entre la astrología y tu personalidad, relaciones y ahora finanzas. En el próximo capítulo, descubrirás la conexión entre la astrología y tus rasgos positivos/negativos.

Por lo tanto, el tema está en que, así como la astrología tiene una conexión profunda con estos aspectos de tu vida, también lo tiene con tus finanzas. Algunos signos tienen un enfoque flexible hacia el dinero, mientras que otros pueden ser más eficientes. En primer lugar, debes averiguar qué dice tu signo y, a continuación, trabajar para fortalecer lo positivo y hacer que lo negativo mejore.

No hace falta invertir tanto tiempo en el preámbulo, ¡vayamos directo al grano!

Lo que debes saber sobre el dinero y tu signo.

Aries

Eres conocido por tu impulsividad y descuido con el dinero, aunque eres competitivo, lo que hace que ganes bien, pero no siempre tomas las decisiones financieras correctas.

Disfrutas de la emoción de una carrera profesional de ritmo rápido que te mantiene alerta y que aporta grandes beneficios financieros. Tu naturaleza impulsiva hace que te resulte bastante difícil ahorrar o trabajar ajustado a un presupuesto.

Sin embargo, te recuperas rápidamente de los desafíos financieros, de ahí que también puedas cambiar rápidamente de empleo en los primeros días de tu carrera.

Te gusta correr riesgos con inversiones, pero ten cuidado con el tipo de inversiones que puedan parecer excelentes y correctas a simple vista, pero terribles con la rentabilidad a largo plazo.

Tiendes a saber cuándo tu cuenta bancaria se ha visto afectada negativamente por tus compras compulsivas y sabes cuándo tomarte un descanso de comprar artículos.

Capricornio

Eres ambicioso, un gran trabajador, y muy competitivo; de ahí la razón de que tengas una alta probabilidad de ganar dinero rápidamente. La creación de tu riqueza llevará un tiempo porque te encanta trabajar para ascender en tu carrera profesional, por lo que la última parte de tu vida tiene muchas promesas financieras.

Siempre te esfuerzas por alcanzar logros financieros y eres práctico con el dinero; por eso ahorras mucho. Las personas cercanas a ti pueden estar preocupadas de que seas demasiado frugal con tus finanzas debido a una menor tendencia de hacer compras innecesarias.

A diferencia de otros signos, no le das importancia a comprar ropa nueva o a ir a restaurantes de lujo. Prefieres gastar dinero en cosas que reflejen tu éxito y lo lejos que has llegado.

Puedes ser bastante conservador con tus opciones de inversión, optando por ideas de inversión que te darán dinero en el futuro, ya que no tienes prisa por obtener resultados ahora. Un Capricornio típico debería aprender a salir de su zona de confort de vez en cuando y a arriesgarse (le da un aliciente picante a la vida).

Tu objetivo financiero más importante es estar seguro; de ahí la razón por la que eres cuidadoso con el dinero. Puedes ser reflexivo con tus compras, por lo que la idea de comprar cosas espontáneamente no va contigo.

En lugar de comprar un artículo caro, prefieres ahorrar el dinero para necesidades futuras. Tu naturaleza práctica hace que te sea más fácil administrar las finanzas, incluso mejor que a otros signos.

Eres muy bueno en conseguir resultados, por lo que tu lugar en la cima de la escalera corporativa está asegurado. Aunque es bastante loable, tu naturaleza frugal puede convertirse en un problema porque tiendes a privarte de cosas específicas para ahorrar y planificar el futuro.

Piensa en el presente, estás aquí. Mientras planificas el futuro, ten siempre el presente en tu mente y haz lo que te haga feliz, incluso si tienes que gastar dinero.

Tauro

Tauro tiene una naturaleza dependiente; son muy buenos con el dinero. Las personas nacidas bajo este signo son muy estables, de ahí la razón por la que les gusta planificar el futuro.

Hacen planes financieros y se apegan a ellos a largo plazo, lo que los convierte en una de las personas más firmes en lo que respecta a responsabilidad financiera. Te gustan las cosas bonitas y quieres darte un capricho, esta es la razón por la que trabajas muy duro y te encanta ganar dinero.

Eres muy bueno gastando dinero, aunque tienes problemas para hacer un presupuesto. No quieres que nadie te diga que no puedes tener lo que necesitas. Eres extravagante, generoso y muy considerado con los regalos.

Una de las cosas más interesantes de Tauro es el hecho de que puede manejar el dinero lo suficientemente bien como para que, cuando los gastos personales se disparen, pueda ponerle fin.

Eres práctico con el dinero; por eso eres consciente de tus riesgos financieros y tomas medidas para proteger tus intereses económicos.

Te sientes mejor sabiendo que existe una cuenta de respaldo o de ahorros en algún lugar que te ayudará en los días grises. En cuanto a las inversiones, te encantan las inversiones a largo plazo que dan frutos con el tiempo y también destacas en las inversiones inmobiliarias.

Géminis

Los Géminis son muy cautivadores, y su naturaleza dual tiene un impacto en sus finanzas. Te motivan el dinero y el lujo, de ahí que hagas muchas compras compulsivas.

Existe una parte de ti que es impulsiva, a la que le gusta apostar y otra parte que es financieramente sólida. No puedes saber qué parte dominará, por lo que depende del nivel de control que tengas sobre tu personalidad.

Sé consciente de las metas financieras que te has puesto para asegurarte de cumplirlas. También puedes depositar dinero en tu cuenta de jubilación mientras vas permitiéndote alguna diversión.

Ahorrar dinero puede ser un desafío para ti y esto se debe a que eres optimista en cuanto a tu recuperación tras enfrentarte a dificultades económicas. Debido a los intereses variados que tienes, eres propenso a cambiar de trabajo con mayor frecuencia de lo esperado, y esto puede afectar tu economía.

Eres inteligente y dinámico, lo que te facilita descubrir formas lucrativas de ganar dinero. En general, es posible que aún necesites la ayuda de un contador que administre tus finanzas y te ayude a tomar las mejores decisiones.

Piscis

Eres práctico con el dinero, lo que significa que ahorrar es algo natural en ti, y también te encanta una carrera profesional con grandes ingresos.

Tienes un gran corazón, lo que te lleva a ayudar a las personas incluso cuando no te conviene hacerlo.

No obstante, tienes que tener en cuenta este rasgo; la mayoría de los Piscis terminan pagando más de lo que se pueden permitir para ayudar a alguien, y esta no es una decisión económica inteligente.

También tienes una relación poco clara con el dinero; por eso estás enfrascado en deudas, impuestos y otros asuntos financieros cruciales que pueden causarte problemas más adelante.

En lugar de ignorar estos temas, contacta con un contador que pueda ayudarte a resolverlos, de manera que no te veas agobiado por los desafíos fiscales.

También debes trabajar tu naturaleza compasiva, asegurándote de que nadie se aprovecha de ello, sé amable pero inteligente al respecto. Te gusta gastar dinero en ir al cine, conciertos de música, museos y en colecciones de arte.

No eres ahorrativo y tampoco te gusta atenerte a un presupuesto, pero si mantenerte dentro de un presupuesto te puede ayudar en tiempos difíciles, estás abierto a esta idea.

Interésate activamente en lo que sucede con tus finanzas y evita tomar decisiones financieras basadas en emociones porque forma parte de tu naturaleza ser una persona sensible. Si te enfrentas a un desafío empresarial que no puedes manejar, busca la ayuda de un experto.

Leo

Debido a tu carisma y capacidades de liderazgo, serás un gran emprendedor y esto significa también que ganar dinero no será un desafío para ti. Pero te encantan las cosas más delicadas y tienes un buen gusto por el lujo.

Tu deseo de marcas importantes y de una vida lujosa puede causar fricción entre lo que ganas y el estilo de vida que quieres mantener. También eres protector con tus amigos y familiares, de ahí tu inmensa generosidad.

Sin embargo, debes asegurarte de que tu generosidad no cause conflicto entre tu seguridad económica y tus deseos de facilitarles la vida a otros (crea algunos límites económicos).

No tienes problemas con ahorrar de vez en cuando (no de forma constante), lo que es excelente porque tienes un gran gusto por cosas materiales que sólo puedes obtener con los ahorros. Disfrutas haciendo dinero y trabajando duro, al mismo tiempo que avanzas en tu negocio o carrera profesional.

Siempre te ves envuelto en situaciones en las que compras cosas que no te puedes permitir. Descarga aplicaciones para ahorrar dinero o utiliza códigos de descuento cuando vayas de compras, con el objetivo de mantener esa tendencia a raya.

Eres algo impulsivo en lo que respecta a regalar artículos porque te gusta mostrarles a las personas lo especiales que son, lo que te lleva a hacer todo lo posible por ellos (diseñar prendas de vestir, joyas, etc.).

Tu primera opción de inversión puede ser en joyas y en las cosas más hermosas de la vida en las que quieras darte un capricho, porque esas son las cosas que te hacen sentir bien contigo mismo.

Virgo

Eres muy trabajador y bastante práctico con tus finanzas, por eso tienes tus ahorros reservados para la jubilación, un automóvil o una casa. Siempre eres selectivo con lo que compras e intentas limitar tus impulsos al comprar.

Si bien estas características mencionadas anteriormente son excelentes, impiden que disfrutes de los frutos de tu arduo trabajo. Consigues una buena salud financiera, pero te sientes limitado porque estás preocupado por tu futuro.

También eres bastante desinteresado, por eso puedes permanecer en un trabajo mal remunerado porque crees que te ayudará a marcar una diferencia en la vida de otras personas.

En cuanto al tema de las inversiones, no estás dispuesto a involucrarte en todas las oportunidades que parecen prometerte beneficios o grandes ingresos. En cambio, harás una investigación exhaustiva para estar seguro de tu decisión antes de dar el paso.

Tu naturaleza frugal también te impulsa a tener un presupuesto para todo y a no gastar dinero hasta que sea necesario. Siempre estás pendiente de dónde gastas tu dinero a través de diarios financieros y otras medidas que te mantienen con los pies en la tierra financieramente.

He aquí algunos consejos, sal con mayor frecuencia y relájate, puedes ahorrar para el futuro y seguir siendo responsable financieramente al mismo tiempo que te diviertes. Compra el vestido que te encanta y disfruta de algunos pequeños placeres de vez en cuando.

Tampoco tengas miedo de asumir riesgos (riesgos calculados), tomarás buenas decisiones financieras porque te gusta investigar, así que no temas hacer algo poco convencional. No fracasarás en ello; en el proceso, sólo aprenderás lecciones vitales de la vida y de las finanzas.

Escorpio

Los Escorpio están enfocados y se sienten motivados por todo lo relacionado con su vida, incluso con el dinero. Son increíblemente meticulosos con la investigación y también trasladan este rasgo a sus finanzas, lo que los hace buenos inversores.

También pueden ser competitivos, lo que los hace activos en el trabajo mientras persiguen sus carreras con determinación; esto no pasa desapercibido en sus lugares de trabajo.

Los Escorpio son personas muy controladoras, lo que los hace bastante decisivos en las decisiones financieras. Les gusta correr riesgos y no gastan de forma impulsiva, pero se centran en finanzas que pueden ser demasiado intensas, consumiendo la mayor parte de su tiempo y energía.

Por supuesto, debes trabajar para asegurarte un futuro, pero esto no significa que tengas que obsesionarte todo el tiempo con el dinero. Tómate tu tiempo libre del trabajo y de las preocupaciones económicas para disfrutar de la vida con el dinero que ganas con tanto esfuerzo.

Eres bueno para encontrar ideas para hacerte rico rápidamente que no generan dividendos de inversión a largo plazo, pero te gusta probar suerte con estas cosas. En la mayoría de los casos, los planes funcionan para ti, así que aprovecha tu suerte y sigue aplicando esta habilidad.

Tus instintos son tu mayor capacidad financiera, porque siempre te llevan al camino correcto en lo que respecta a las decisiones financieras. Debido a tu naturaleza competitiva, también ganas dinero rápidamente, justo después de conquistar una idea, ya te lanzas por la siguiente.

La influencia de tus instintos también te facilita adoptar estrategias agresivas de inversión después de una reflexión cuidadosa. Tiendes a esperar con paciencia el momento "adecuado" para dar un paso con respecto a la inversión y puedes ser muy reservado con la cantidad de dinero que tienes.

Los Escorpio son conocidos por no divulgar información financiera sobre el dinero que tienen en su casa, inversiones, e incluso el dinero que tienen en su cuenta bancaria. En algunos casos extremos, no comparten esta información con sus esposos o parejas.

Te gusta planificar el futuro porque no quieres que un evento inesperado te tome por sorpresa. Pero, incluso si te encuentras envuelto en una situación financiera difícil, tus instintos te ayudarán a recuperarte rápidamente, ya que sabrás inmediatamente cuál es el siguiente paso que debes dar.

Sagitario

¡Te encanta viajar! No te interesan los temas materiales porque prefieres vivir experiencias memorables, y esta es la razón por la que tiras de tu tarjeta de crédito más a menudo.

Como Sagitario, valoras mucho ser libre, y te encanta expresar esta misma libertad con tu economía. Lo que significa que intentas evitar las deudas tanto como te sea posible (porque hacen que te vengas abajo).

Siempre eres optimista, incluso cuando te enfrentas a desafíos y a cambios imprevistos, por eso no crees en ahorrar dinero. Crees que cuando te encuentras en un aprieto, puedes salir airoso.

Tienes la determinación y la capacidad para alcanzar todas tus metas financieras y, aunque tu optimismo es admirable, es posible que de vez en cuando quieras tomar algunas medidas proactivas con tus finanzas.

Por ejemplo, intenta abrir cuentas de jubilación y de emergencia, porque tienes que planificar el futuro. Puedes planificar con anticipación y, aun así, reservar dinero mensualmente para tus viajes, actividades de ocio y para las aventuras que te encantan.

Tu relación con el dinero a menudo se califica como "fácil" porque no te preocupa como a otros signos. Siempre sientes que el dinero te llegará porque eres de naturaleza optimista y, en la mayoría de los casos, tienes razón.

Sí, trabajas duro y tiendes a dejar que tu energía y estrés desaparezcan con los viajes, lo que te quita la presión del "dinero" al que se enfrentan otras personas. Eres rápido de mente, siendo capaz de recuperarte fácilmente tras una experiencia o problema financiero estresante.

Como Sagitario, no te centras sólo en el dinero; te gusta pensar en lo que puedes hacer con el efectivo y las cosas que te permite hacer el dinero.

Sueles cambiar bastante de empleo, especialmente en tus años de juventud, de ahí la razón por la que ascender en tu carrera profesional pueda llevarte más tiempo, afectando a tu estatus financiero en algún momento de tu vida.

El hecho de que tengas una manera peculiar de conseguir siempre dinero cuando lo necesitas no significa que debas permanecer imperturbable cuando hay una crisis financiera; deberías mejorar tu patrón de ahorro.

Cáncer

Las personas que son Cáncer aman a su familia, su casa y los valores comunitarios; por lo tanto, protegen ferozmente a su familia; lo que favorece que sean muy buenos ahorrando dinero.

Debido a que son personas orientadas a la familia, son conscientes de que puede surgir una emergencia en cualquier momento, de ahí que ahorren constantemente.

También quieren crear un hogar ideal y estable para su familia, lo que los impulsa siempre a buscar formas de gastar dinero en algún aspecto de la casa que necesite reparaciones rápidamente.

A las personas con el signo de Cáncer les encanta gastar dinero en actividades de ocio que les acerquen a sus familiares. Por eso, organizan viajes en familia, visitan amigos, asisten a eventos sociales, etc.

También se esfuerzan por mantener una base financiera estable para poder obtener la comodidad deseada. Lo que significa que no gastan de forma espontánea. En lugar de ir a una tienda donde comprar al azar, llevan a cabo una investigación detallada cuando quieren hacer una compra importante (muebles o un nuevo dispositivo).

Cuando se preparan para una gran compra, ahorrarán para ella e intentarán conseguir los mejores precios. Los Cáncer se toman en serio su hipoteca y otros gastos de la vivienda porque no quieren que les pase nada a sus casas.

Los Cáncer están dispuestos a trabajar el doble que cualquier otra persona, incluso en un trabajo que no les gusta, para asegurarse de tener un ingreso económico estable. Te sientes más relajado cuando sabes que tienes algo a lo que recurrir (ahorros).

Tu amor por la familia y el hogar hace que tus opciones de inversión se enfoquen en el sector inmobiliario; tu corazón está puesto en una casa adecuada, por lo que esta opción se convierte en tu opción obvia de inversión.

Estás dispuesto a seguir tus instintos cuando se trata de oportunidades financieras, y como siempre eres cauteloso con el dinero, tiendes a escuchar a tu intuición sobre ciertas inversiones antes de comprometerte.

Sólo emprenderás en una inversión que se alinee con tu pasión y valores, pero esto podría hacer que pierdas otras oportunidades de inversión rentables que podrían aparecer en tu camino.

Por lo tanto, mientras te mantienes fiel a tus pasiones, intenta tener también una mente abierta sobre inversiones, después de todo, se trata de asumir riesgos calculados. Al darle otra oportunidad a estas opciones, te estarás dando la oportunidad de aprender algo nuevo que "podría" ser el próximo gran éxito.

Libra

Amas la vida, por lo que no te importa derrochar en las cosas más hermosas de la vida, como en obras de arte, ropa, comida y cualquier otro artículo que atraiga tu atención. Te encanta darte el gusto de comer bien en un buen restaurante; de ahí que una gran parte de tus finanzas se destine a restaurantes elegantes de forma semanal o mensual.

Una buena parte de tus ingresos también se destina a artículos de lujo que te hagan sentir bien contigo mismo, como ropa, autos u objetos de decoración para realzar los interiores de tu hogar u oficina.

En lo que se refiere a inversiones, otros signos prefieren hacer inversiones financieras, pero a ti te encanta invertir en lo que te interesa. Por lo tanto, tus opciones de inversión suelen ser en arte y en otras áreas creativas.

Eres un excelente jugador en equipo, lo que hace que te resulte más fácil colaborar con otras personas para tomar decisiones financieras. Pero, en algunos casos, necesitarás la ayuda de un asesor financiero que pueda ayudarte a conseguir una cartera de inversiones más diversificada porque a menudo no es aconsejable que inviertas sólo en plataformas únicas como las de arte.

Como Libra que eres, también tienes un sentido agudo del equilibrio con tus finanzas, lo que significa que incluso cuando no estás trabajando con un presupuesto, lo más probable es que no gastes de más.

En tu interior hay pensamientos sobre ahorrar para los días lluviosos, por lo que te aseguras de tener fondos reservados para esta eventualidad. Antes de comprar algo, te gusta analizar todas las posibilidades, lo que te ayuda a tomar decisiones informadas.

Aunque hay ocasiones en las que te dejas llevar por tus deseos y compras sin pensártelo dos veces, si descubres que estás tomando decisiones demasiado impulsivas a un ritmo acelerado, tómate un descanso y habla con tu experto financiero.

A veces, no se trata de "qué" deseas comprar, sino de "por qué" lo quieres comprar. Pregúntate siempre el "por qué", si tienes alguna duda sobre una compra.

Acuario

Las personas bajo este signo tienen un nivel alto de ingresos porque son personas dedicadas y muy trabajadoras que disfrutan del trabajo significativo que hacen. También tienden a donar parte de sus ingresos a organizaciones benéficas y buenas causas porque les resulta duro ver a personas viviendo en la pobreza.

Compartir tus bienes siempre es algo natural en ti, pero debes tener cuidado con las donaciones caritativas, planifícalas y tómate tu tiempo para asegurarte de que todavía estés seguro económicamente (si te arruinas, ¿quién ayudará a estas personas necesitadas?).

Con respecto a las inversiones, tiendes a adoptar estrategias de inversión únicas que podrían parecer demasiado arriesgadas para otros, pero eres una persona inteligente a nivel financiero como para saber qué campos dan resultados y cuáles no.

Acuario también es un emprendedor genuino que es ambicioso y muy trabajador; se toma las innovaciones muy en serio y quiere facilitarles la vida a los demás a través de las soluciones comerciales que diseña.

Su amor por los negocios basados en valores atraerá dinero porque la gente siempre quiere pagar por lo que es valioso. Para un Acuario típico, ser creativo en el trabajo para tener éxito forma parte de una rutina diaria porque, por mucho que le guste dar mucho, también le encanta aumentar sus ingresos.

Las personas que son Acuario tienden a ahorrar para lograr un equilibrio con sus actos benéficos y su deseo de invertir dinero. En general, tienes buenas intenciones con el dinero y también puedes tomar buenas decisiones, pero esfuérzate siempre por conseguir ese "equilibrio".

Es posible tener todas las áreas de tu vida en orden, desde las relaciones hasta las finanzas. Sí, necesitas utilizar la fuerza de la astrología para ganar una visión sobre lo que el universo tiene para ti y para tomar las decisiones basadas en lo que descubras.

¿Alguna vez te has preguntado qué hace que los seres humanos sean tan únicos? Bueno, no es el hecho de que provengamos de nacionalidades distintas; es la verdad innegable de nuestra personalidad que tiene la capacidad de tener rasgos negativos y positivos al mismo tiempo.

Es hora de profundizar más en el vínculo entre la astrología y estos rasgos que encarnamos, sigue adelante y disfruta de la lectura.

*Las decisiones financieras no deben tomarse únicamente en función de las predicciones astrológicas. Ten presente todas las previsiones, pero si tienes necesidad de hablar con un experto financiero, hazlo para obtener información profesional sobre cómo puedes manejar tus activos financieros.

Capítulo 5
Revelando los rasgos positivos y negativos de tu personalidad

Los Géminis son conocidos por su personalidad dual en una sola persona; tendemos a enfocarnos tanto en este signo en concreto porque su combinación natural los hace bastante fascinantes. No conocemos cuál será el lado al que nos enfrentaremos en un momento dado, por lo que genera una sensación de anticipación apoyada por un elemento de sorpresa.

Pero, ¿por qué nos enfocamos tanto en Géminis con respecto a la dualidad cuando tenemos el mismo patrón en nosotros? Cada uno de nosotros también tiene una dualidad; tenemos rasgos positivos y negativos combinados. Tendemos a mostrar estos rasgos cuando lo requiere la situación, pero no cambia el hecho de que están presente en todos nosotros.

Si no hablamos sobre el contenido de este capítulo, estaremos proporcionando una narrativa desequilibrada, y la astrología trata especialmente de encontrar el equilibrio. Aquí hay un hecho seguro; a todos nos encanta hablar sobre nuestros rasgos positivos y de lo agradables, encantadores, trabajadores, etc., que somos. Pero nos alejamos tímidamente de las características negativas.

Si algunas personas tuvieran algún superpoder, sólo querrían que los demás vieran lo que les muestran, que podría ser principalmente lo positivo. Pero la vida no funciona de esta manera, y antes de proseguir con el análisis, debes conocer y aceptar ciertas verdades.

Tus rasgos negativos no tienen la intención de atarte ni de hacer que te sientas inadecuado. Son defectos que te impulsan a buscar siempre la mejora y el deseo de trabajar duro para mejorarte a ti mismo, independientemente del éxito que disfrutes en la vida.

Imagínate que eres perfecto y contaras únicamente con rasgos positivos en un 100%. Siempre tienes una sonrisa en tu cara, no tienes conflictos interpersonales con nadie, eres como un rayo de sol para todos los demás y eres una buena persona en todos los aspectos. ¿Cómo crees que será tu vida?

Tu vida será perfecta para ti, pero en última instancia, ¡será todo un aburrimiento!

Los rasgos negativos y los defectos aportan un punto de aliciente a la vida porque te recuerdan tu naturaleza humana y te ayudan a realizar modificaciones que fortalecen tu carácter.

La mayoría de las cosas bonitas que ves y admiras, han tenido algún rasgo negativo, pero como no conoces el proceso que les ha llevado hasta ahí, sólo admiras el producto final.

Por ejemplo, dicen: "Los diamantes son los mejores amigos de una chica", así que a todos nos encantan las joyas que brillan, pero los diamantes no siempre fueron perfectos y tuvieron que pasar por un largo proceso de pulido para llegar a ese estado.

Conforme avanzamos a través de este capítulo juntos, piensa en ti como un diamante. Eres brillante y hermoso, pero necesitas pulir esos rasgos negativos para brillar aún más.

A continuación, encontrarás tu signo astrológico con un análisis detallado sobre tus rasgos positivos y negativos. Ahora bien, recuerda que el objetivo no es restregar tu cara por el suelo, sino empoderarte con información sobre ti mismo que pueda ayudarte a tomar medidas proactivas para refinar tu carácter.

También puedes fijarte en los rasgos de tu pareja romántica, amigo íntimo o miembro de la familia, de manera que puedas comprender mejor por qué actúa de una forma determinada y lo que puedes hacer para ayudarle a ser mejor persona.

¿Preparado para descubrir los aspectos hermosos y emocionantes de tu vida? ¡Hagámoslo!

Aries

Positivo

Los Aries son personas valientes y entusiastas; están dispuestos a enfrentarse a cualquier reto que se ponga en su camino y asumen más riesgos que otros signos. Siempre se esfuerzan por ser mejores personas y tienen gusto por lo maravilloso y la aventura.

Su actitud infantil ante la vida les permite tomar un té a sorbitos y relajarse incluso ante un gran desafío. Pueden emprender nuevos proyectos y no tener miedo del resultado.

Negativo

Los Aries son muy conflictivos, les encanta discutir y son indisciplinados. Son insensibles a las emociones de los demás y su impulsividad hace que sean impacientes.

Los nacidos bajo este signo pueden ser inmaduros y dominantes, lo que hace que ser sus amigos pueda ser estresante. Cuando tratan con personas, tienen problemas porque pueden ser groseros e irrespetuosos.

Como niños tercos, quieren todo lo que se les ponga en su camino, lo que hace que sean bastante exigentes. Pueden tener un arrebato emocional, crear una escena en público y no sentir remordimientos por ello.

Aries es un signo de fuego, por lo que son bastante emocionales y, debido al símbolo del carnero, siempre están preparados para una pelea.

Capricornio

Positivo

Un Capricornio es una persona muy trabajadora que se toma sus metas muy en serio y que pone todo su empeño en conseguirlas. Son decididos y están llenos de recursos, siendo un rasgo fascinante de una persona activa.

Los Capricornio están dispuestos a esperar lo que haga falta para conseguir sus metas porque saben que las cosas buenas llevan su tiempo. Los Capricornio también son personas disciplinadas que comprenden el concepto de que las pequeñas gotas de agua conforman un océano poderoso. De ahí la razón por la cual son muy pacientes.

Antes de que un Capricornio tome una decisión, tiene que disponer de todos los hechos porque son personas sabias que quieren tomar decisiones maduras y sensatas en todo momento.

No actúan de manera impulsiva, ni siquiera al hacer compras, y son muy ambiciosos. Cuando se encuentran bajo presión, mantienen la elegancia y son capaces de arreglar cualquier situación adversa.

Negativo

Suelen ser tímidos, por eso prefieren quedarse en casa y disfrutar de su propia compañía o de la compañía de sus mejores amigos. No cambian fácilmente de parecer, lo que los vuelve algo tercos.

Son fríos, controladores e inaccesibles porque la mayor parte del tiempo les gusta estar solos e inconscientemente le dicen a los demás que se alejen. En ocasiones, exudan pasividad al no luchar por lo que quieren; dejan que la vida pase de largo.

Antes de confiar en alguien, necesitan tiempo y deben haber estudiado profundamente a la persona porque son muy desconfiados. La amenaza de ser traicionados es bastante palpable en ellos, y debido a esta inseguridad, pueden ser muy pesimistas sobre todas las cosas.

Debido a su compromiso con el trabajo, sufren emocionalmente. Prefieren aceptar un trabajo en la oficina que una cita para cenar si tuvieran que elegir, y esto los aleja de los demás.

Pueden ser egocéntricos, arrogantes y despiadados en su intento de conseguir sus objetivos establecidos.

Tauro

Positivo

Cuando pienses en alguien que esté ahí cuando lo necesites, piensa en alguien bajo el signo de Tauro. Cuando te prometen algo, lo cumplen y nunca son amigos falsos.

Se toman su tiempo antes de tomar una decisión, por eso pueden minimizar los fallos y los errores. Los Tauro también son personas influyentes que están dispuestas a utilizar su fuerza para ayudar a otras personas; son reflexivos, generosos, amables y resilientes (nada los deprime).

Buscan conseguir las mayores alegrías y placeres de la vida; por eso son personas entusiastas. Otro rasgo modesto de ellos es el hecho de que son realistas (independientemente de su éxito), educados y agradables.

También son independientes económica y emocionalmente, lo que los convierte en la mejor opción como parejas románticas. Raramente fracasan porque son persistentes y motivados.

Negativo

Los Tauro son personas tercas, una vez conocen su camino y propósito, nada los detiene, pero esto significa también que, en ocasiones, son demasiado obstinados para escuchar diferencias de opinión. También pueden ser muy mundanos, y si no están motivados, serán perezosos.

Pueden ser posesivos, siendo lo suficientemente celosos como para llegar a resentirse en una relación. Los Tauro son personas que tienen un temperamento volátil, y en el calor de su ira, pueden decir palabras hirientes.

Cuando no tienen ganas de trabajar, pueden ser perezosos y no estar motivados para hacer nada, convirtiéndose en personas improductivas. A los Tauro les encanta gastar dinero en comida, ropa, y en otros artículos que les llamen la atención.

También son indulgentes con ellos mismos, lo que los hace buscar mucho "tiempo para sí mismos", incluso cuando las personas en sus vidas necesitan su atención.

Géminis

Positivo

Los Géminis son ingeniosos, convirtiéndose por ello en personas fascinantes; son curiosos, de ahí que estén llenos de conocimiento. Su entusiasmo es real, ya que demuestran un profundo amor por la vida y la viven al máximo.

Los Géminis tienen una personalidad mixta que es adaptable, no les cuesta expresar sus pensamientos y emociones, y son el alma de la fiesta.

Un rasgo muy destacable de los Géminis es su capacidad para relacionarse con cualquier persona que conocen; se llevan bien con extraños y con todos los demás. Su personalidad adaptable les hace más fácil vivir en cualquier lugar y con cualquier persona porque son espíritus libres.

Lo que siempre obtendrás de un Géminis, es una persona abierta, directa, versátil, comunicativa y amigable. Puedes sentir el aura cálida que los rodea desde el momento en el que entras en contacto con ellos.

Los Géminis también son muy inteligentes y perspicaces; recuerdan todo lo que les dices, pueden llevarse bien con cualquier persona en un grupo y poseen habilidades comunicativas brillantes. En algunos casos, hablan en voz baja y en otros casos, hablan en voz alta (lo cual refleja su personalidad dual).

Su interés en una amplia variedad de temas los hace bastante versátiles, por lo que cuando mantienes una conversación con ellos, te cautivan por su profundo conocimiento.

Negativo

Los Géminis, principalmente, son inconsistentes. Para ellos es un desafío empezar algo y mantenerse en ello a largo plazo. Además, les cuesta tomar decisiones, por lo que cuando se enfrentan a una situación urgente que requiere una resolución rápida, tienden a quedarse estancados.

También tienden a asumir más de lo que pueden hacer, por lo que se ponen ansiosos, especialmente cuando algo no sale como esperaban. Los Géminis también son superficiales; son rápidos para iniciar una conversación, pero no pueden llevarla hasta el final.

A veces carecen de disciplina y de una dirección en su vida, por lo que la mayoría de los Géminis reconocen que necesitan un mentor que pueda ayudarles a mantener la coherencia en sus vidas.

Uno de sus malos hábitos es el amor por los chismes. No lo pueden remediar. Pero lo hacen y lo más probable es que sean ellos los que inicien un rumor en la oficina o en algún otro lugar. Los Géminis tienen los peores cambios de humor en momentos impredecibles, esto les impide disfrutar de ciertos momentos felices en sus vidas.

Piscis

Positivo

Algunas de las palabras positivas que puedes utilizar para describir a un Piscis son imaginativo, creativo, desinteresado y compasivo. Pueden pensar de manera original y son personas afectuosas.

Su capacidad para utilizar el poder de la imaginación los convierte en artistas que pueden crear una obra maestra. La compasión es un rasgo fuerte que encarnan; pueden sentir cuando alguien necesita algo y se dedicarán a ello de forma desinteresada hasta conseguirlo.

También se oponen al crimen y a los actos de injusticia contra otras personas. Un Piscis típico es sensible en su interior; este es un buen rasgo que lo hace tener un alto nivel de inteligencia emocional.

Piscis también es el tipo de persona que puede llevarse bien con todos los demás sin intentar ejercer control ni tratar de influir en las personas para satisfacer sus necesidades. Son amables y gentiles consigo mismos y con otras personas.

Los que tienen este signo son muy imaginativos, pueden pensar con rapidez, son amables y siempre están dispuestos a ayudar, incluso a extraños. Aunque sus esfuerzos por ayudar a los demás no son tan apreciados como deberían ser, eso no les impide ser constantes con la ayuda.

Negativo

Un defecto importante que tienen los Piscis es la "mentalidad escapista", que les hace culpar a todo el mundo y a todos los demás por sus problemas, excepto a ellos mismos. Son el tipo de personas que dirán que su suerte o destino es el responsable de su problema.

El idealista extremo que puede juzgar los mejores esfuerzos de los demás como demasiado mediocres es Piscis porque tiene una idea en la cabeza de cómo debería ser algo. También son sensibles; los arrebatos emocionales son una norma en ellos.

El pesimismo también es un rasgo negativo en los Piscis, especialmente cuando las cosas no suceden como ellos quisieran. Son perezosos con las cosas que no les importan.

La mayoría de los Piscis también intentan buscar cosas que pueden utilizar para ayudar a su mentalidad escapista, por lo que, si eres Piscis, necesitas buscar ayuda con este defecto. De lo contrario, puedes terminar rápidamente en el alcohol o las drogas como una herramienta de escape.

Muchas veces, están desconectados de la realidad porque a menudo están en su propio país de las maravillas en su cabeza. Renunciar siempre es una opción para los Piscis, y cuando abandonan, van directamente al mundo imaginario donde son libres de cualquier obligación o realidad.

Son incapaces de mantener el entusiasmo por mucho tiempo, incluso en su trabajo. La razón por la que tienden a trabajar duro es si encuentran que el trabajo es significativo y que ayuda a una causa que les importa.

Cuando se hieren los sentimientos de los Piscis, se lo toman como algo personal, y esta es una receta para la baja autoestima. La mayoría de los logros que desean alcanzar no se materializan porque tienen una baja autoestima.

Tienen una voluntad pobre y, cuando están rodeados de signos fuertes, su ambición y sus ideas se ven truncadas fácilmente. Los Piscis son fáciles de influir y de presionar por los demás.

Leo

Positivo

Uno de los rasgos más observables es que te encanta llamar la atención. Eres enérgico, un líder nato y odias estar aburrido, razón por la cual te mantienes rodeado de personas y te involucras en actividades.

Los Leo son carismáticos, amigables y adorables; también son muy ambiciosos en todos los aspectos de sus vidas. Si hay un rasgo que te hace destacar, es la tenacidad para tener éxito en todo lo que haces.

Con los Leo, lo que ves es lo que obtienes. No tienen por qué ocultar sus personalidades, ya que son lo suficientemente audaces como para dejar que su luz pura brille en todas partes. Nunca dudarán en decirte la verdad; son amables con todas las personas que conocen.

Los Leo también son serviciales, ya que están dispuestos a ayudar a quienes lo necesitan. Todos los Leo nacen como personas dignas de amor, admiración y elogios. Su generosidad también es un punto fuerte en ellos.

Los Leo también son optimistas; para ellos, el vaso está medio lleno y no medio vacío. Son leales y exigen el mismo tipo de lealtad cuando se dan a los demás.

Negativo

Los Leo son personas tercas. Te costará mucho convencerlos de que cambien de opinión cuando creen en algo. También tienen un gran ego, tan grande que puede afectarles en su camino hacia el éxito.

Las personas que son Leo también son celosas y posesivas; son dominantes porque quieren gobernar a todos los demás. Otro defecto en ellos es el hecho de que son impacientes con todo.

Todo lo que desean, lo quieren conseguir, y esto puede hacerlos egocéntricos. Algunos Leo también son pretenciosos; no dicen lo que piensan cuando es necesario; en su lugar, prefieren decir lo que les ayude a mantenerse en la posición de poder.

Los Leo son orgullosos y este orgullo que sienten puede ser un obstáculo en su camino para mantener su integridad. También son demasiado orgullosos como para admitir que una idea que propongan no parezca ser la correcta para una situación.

En sus lugares de trabajo, su aura dominante puede hacer que los empleados o subordinados desconfíen de ellos. Su amor por ser el centro de atención los vuelve dramáticos. La arrogancia es una palabra utilizada con frecuencia para describir a un Leo; en lugar de decir "lo siento", cuando se equivocan, buscarán otras formas creativas de apaciguar a la persona agraviada.

Virgo

Positivo

Los Virgo son personas talentosas e inteligentes que son grandes líderes en diversos campos. Su sed de conocimiento es un rasgo que les permite buscar mayores logros y siempre sienten curiosidad por cómo funcionan las cosas.

Los Virgo son solucionadores de problemas y, lo que es más admirable, es que son personas modestas, independientemente del grado de éxito que alcancen, nunca alardearán ni se jactarán de ello.

Como Virgo, puedes conseguir todo lo que te propongas, eres confiable y nunca te conformas con la mediocridad, incluso cuando otras personas lo hacen.

Eres amable, sabio y bueno analizando situaciones para determinar lo que debería hacerse de manera correcta. La gente siempre acude a ti en busca de consejos porque parece que tienes todo en orden en tu vida.

También puedes ser un perfeccionista, así como una persona que quiere que las cosas se hagan bien. No crees en el mundo de la fantasía y tienes en cuenta a tu entorno con mucha atención a los detalles. Siempre estás dispuesto a aprender más.

Negativo

Debido a que tienes una imagen en tu mente de cómo quieres que se hagan las cosas, no aceptas ideas ni sugerencias alternativas. Eres muy crítico y quisquilloso porque quieres que las cosas sean perfectas.

Eres meticuloso con los detalles, lo que puede hacer que te sientas estresado cuando las cosas no están bien colocadas para tu placer visual. Puedes ser duro y conservador (no te adaptas a las ideas demasiado modernas y nuevas), y eres prejuicioso.

Puedes ser difícil cuando quieres porque nunca estás satisfecho; como padre tienes unas expectativas altas para tus hijos y cuando no cumplen esas metas, expresas tu decepción con ellos de una manera dura.

Tu alto nivel de inteligencia puede llegar a ser un factor de rechazo porque no aceptas a otras personas de la manera en la que te aceptas a ti mismo. A veces los ves por debajo de ti cuando no expresan el mismo nivel de perfeccionismo que tú.

Los Virgo no conectan con el mundo moderno. Están aferrados a ideales conservadores en sus mentes. Son demasiado exigentes con sus compañeros, socios y empleados.

Escorpio

Positivo

Eres intensamente apasionado y tiendes a hacer que las personas que te rodean se llenen de vida. Cuando entras en una habitación, la iluminas y eso es a lo que la gente llama energía positiva. Tu determinación te pone al borde del éxito todo el tiempo, ya que esto coincide con las ambiciones humanas.

Siempre consigues que las cosas sucedan y eres muy intuitivo, dificultando por ello que la gente te engañe. Eres una persona valiente y centrada que está motivada a nivel interior y sabes lo que quieres de la vida.

Tus instintos son tus rasgos más valiosos, ya que siempre sabes en quién confiar y quién evitar, lo que te obliga a tener un círculo cerrado de amigos en los que poder confiar cualquier día.

No te gusta cuando las cosas se vuelven rutinarias y es porque eres una persona apasionada. Puedes analizar a las personas y verlas tal y como son, y esto te ayuda a convertirte en un buen líder para los demás.

El rasgo que te ayuda a triunfar en la vida con facilidad es la ambición. Te motiva el dinero, la posición y el poder. Siempre estarás junto a tus seres queridos cuando se enfrenten a dificultades y cumples con tus promesas.

Sacas lo mejor de cada situación cuando se trata de un desafío abrumador; tampoco te desvías fácilmente de tu camino y propósito de vida.

Negativo

Los Escorpio son conocidos por ser posesivos y celosos porque pueden leer la mente de las personas y no confían fácilmente. Pueden resultar profundamente heridos cuando son tratados injustamente y les encanta dominar cada situación, incluso en sus relaciones.

Suelen sospechar de todo el mundo, temerosos de lo que las personas puedan hacerles y son muy manipuladores. Si los planes no salen como esperaban, se enfadan. Cuando las personas intentan defenderse por sí mismas, en lugar de dejarse manipular por ellos, se frustran.

En las relaciones, a los Escorpio no les importa lo que quieren sus parejas la mayor parte del tiempo, por lo que intentan imponer sus propios deseos sobre los deseos de la otra persona.

También son celosos en sus relaciones, lo que podría traducirse en lealtad por su parte, pero si no se controla puede conducir a problemas. Puedes ser testarudo y obsesionarte con las personas y las cosas rápidamente.

Pueden guardar rencor durante años y les resulta difícil perdonar cuando son traicionados. Tienden a ser vengativos, y cuando pierden los estribos no hay nadie que pueda calmarlos.

Sagitario

Positivo

Eres una persona positiva a quien le encanta divertirse y a la gente le encanta tenerte cerca. Tu versatilidad y curiosidad hacen que te resulte natural hablar de cualquier cosa que te interese.

Los Sagitario están llenos de energía que utilizan para viajar por el mundo y su sentido de independencia es una de las mejores cosas que tienen. Tu felicidad no está determinada por lo que digan o hagan los demás, ya que tienes un gran sentido del juicio para saber lo que está bien y lo que está mal para ti.

Tu naturaleza honesta es un soplo de aire fresco, ya que eres rápido de mente para expresar lo que piensas, nunca intentas ocultar tus verdaderos sentimientos y dices lo que piensas sobre una situación.

Eres amigable, con una mente abierta, te interesas por la gente y puedes entablar una conversación con cualquiera, lo que significa que eres audaz. Tienes un corazón enorme que te convierte en una persona muy generosa.

Cuando las personas pasan un tiempo conversando contigo, se ven impresionadas fácilmente por tu ingenio y por tu capacidad para contribuir al discurso incluso cuando se trata de algo con lo que no estás familiarizado.

Negativo

Tu naturaleza descuidada te permite dar las cosas por sentado; en ocasiones llevas la honestidad demasiado lejos, compartiendo tus opiniones cuando no te las piden; y esto puede causar fricción en tus relaciones.

Eres impaciente, inconsistente, especialmente con cosas que te son difíciles, y tienes una confianza excesiva en ti mismo y en tus habilidades.

Puedes ser muy ruidoso y no estar dispuesto a dejar que los demás hablen.

Careces de habilidades empáticas porque no eres consciente del impacto que tienen tus palabras en otras personas, por lo que afirmas "decir las cosas como son", pero en realidad, las dices como te conviene, sin tener en cuenta cómo afectan a la otra persona.

En momentos en que la gente quiere una respuesta edulcorada; nunca la pueden obtener de ti. El aburrimiento te llega demasiado rápido y tiendes a cambiar de actividades en cuanto empiezas a sentirte abrumado por ellas.

Odias las responsabilidades en el trabajo y en tus relaciones porque eres mayormente una persona relajada. Crees que eres perfecto y no puedes continuar en algo a largo plazo.

Cáncer

Positivo

Eres empático, de ahí la razón por la que te preocupas tanto por los demás. Tienes una personalidad cariñosa, paciente y protectora. De hecho, por eso te conocen más que nada por cuidar a los demás.

También sabes cómo cuidar de ti mismo, lo que te permite dedicar tiempo para hacer las cosas que te encantan. Eres creativo e inventivo con las ideas; entiendes el lenguaje de las emociones y puedes ser extremadamente sensible.

Estás en contacto contigo mismo y puedes canalizar tus emociones de forma positiva, lo que te permite disfrutar de estabilidad emocional. También eres un amigo que siempre está dispuesto a apoyar a la familia.

Cuando las personas de tu vida piensan en ti, piensan en una roca sólida que es el pilar de sus vidas. También eres muy protector y leal con otros, sin esperar nunca nada a cambio por tus actos de generosidad.

Siempre apareces con ideas brillantes cuando estás con otras personas y confías en tu intuición para tomar decisiones.

Negativo

En ocasiones te sientes abrumado por tu compasión por los demás, y esto puede hacerte parecer distante y frío emocionalmente. Este sentimiento abrumador de ayudar a los demás también te hace experimentar cambios de humor.

A veces tiendes a ser pesimista y abandonas rápidamente proyectos si sientes que no van a funcionar. Exhibes apego a través de tu falta de voluntad para seguir adelante cuando las cosas llegan a un final abrupto (relaciones, trabajo, etc.).

También eres demasiado emocional con muchos reveses imaginarios que te hacen sospechar de todos; el miedo es un compañero constante para ti.

Cuando estás de tu peor humor, puedes aislarte de las personas y volverte poco comunicativo, lo que sólo refuerza aún más el hecho de que dejas que tus emociones hagan lo que quieran contigo. Tus sentimientos te incitan a tomar malas decisiones y este es un rasgo que hace que pierdas oportunidades.

Tu elevado nivel de pesimismo dificulta que tengas relaciones o carreras profesionales exitosas a largo plazo. También tienes problemas de confianza con las personas porque eres vulnerable y quieres estar seguro de que nadie se está aprovechando de ti.

Si no controlas tu excesivo estado emocional, puede conducirte a la depresión, lo que hará que los demás se sientan incómodos contigo. Te dejas llevar fácilmente por las emociones negativas en lugar de las positivas.

Libra

Positivo

¿Qué es lo que no puede gustar de un Libra? Eres increíblemente encantador y tienes una personalidad muy interesante. También eres muy cortés, incluso en tus conversaciones, ya que hablas con carisma dondequiera que estés con otras personas.

A los Libra se les suele describir a menudo como personas serenas que disfrutan de las relaciones con los demás y que se esfuerzan por mantener la paz en sus relaciones. Pueden ser diplomáticos cuando se enfrentan a una crisis que necesitan resolver.

Se tomarán el tiempo para escuchar a todas las partes involucradas en el asunto con una gran paciencia, de ahí la razón por la que son las personas ideales para resolver conflictos.

Si alguien quiere que se haga algo, eres la persona indicada. La influencia de Venus como su planeta regente lo hace romántico y con modales excelentes que agradan.

Amas la justicia y sólo te afianzarás a una idea si crees que es justa y verdadera. Tu naturaleza sensible también te convierte en un buen oyente.

Negativo

La pereza y la indecisión son dos defectos que encarnas; puedes sentirte inspirado a hacer algo en este momento y cambiar de opinión en un instante. Luego, nunca vuelves a ello de nuevo. También tiendes a pensar demasiado las cosas, siendo improductivo a largo plazo. Tienes una personalidad voluble que carece de sustancia; razón por la cual haces promesas que no puedes mantener.

Te impresionas fácilmente por el exterior de la gente, mientras olvidas prestar atención a los rasgos internos. Debido a que tienes una personalidad encantadora, te hace fingir que eres agradable, incluso cuando no estás de humor para cortesías.

Cuando te enfrentas a una situación difícil que requiere tu intervención, te vuelves indeciso y prefieres delegar la tarea a otra persona que tener que lidiar con tu indecisión.

Si los Libra no son conscientes de su carácter, los aspectos negativos pueden llevarse la mejor parte de sus rasgos positivos, así que no dejes de trabajar en pulir tus rasgos.

Acuario

Positivo

Eres una persona amable. Esto es por lo que eres más conocido (por ser popular entre los amigos). También intentas hacer todo lo posible por mejorar el mundo que conoces, ya que tu amplia gama de intereses también te convierte en una persona muy creativa.

Eres muy bueno con las finanzas porque eres completamente independiente y una característica sorprendente de ti es el hecho de que cumples con tu palabra. En el mundo actual, encontrar personas que mantienen su palabra es una tarea ardua, por eso destacas en este aspecto.

Toleras a los demás debido a tu naturaleza amistosa y eres una persona muy intelectual, admirada por muchos. Para complementar todos estos rasgos positivos, ¡eres un oyente excelente!

Negativo

Tiendes a ser esporádico, por lo que no tienes estructuras en tu vida, ya que saltas de una pasión a la siguiente casi de forma inmediata. Puedes ser muy impredecible, lo que puede hacerte parecer testarudo ante los demás.

Tu actitud de "sabelotodo", impide que puedas aprender nuevas ideas y conceptos de otras personas. Tu dedicación a una tarea está determinada principalmente por tu estado de ánimo, lo que es inconsistente.

En ocasiones, sin ninguna razón en particular, puedes distanciarte de tus amigos y familiares, prefiriendo quedarte aislado hasta que recuperes tu buen humor.

Otro rasgo preocupante es el hecho de que tienes una actitud de "todo o nada" ante la vida, lo que te hace ser impaciente. Prefieres tener lo que necesitas o no tener nada en absoluto.

Eres un ser humano completo y eres especial porque tienes una combinación de rasgos buenos que puedes conservar y rasgos negativos en los que tienes que trabajar para mejorar. No dejes de hacer mejoras y de añadir valor a tu vida continuamente mejorando cada día.

Algunas personas se "conforman" equivocadamente con los rasgos que tienen; aceptan las características que no son tan agradables y no hacen nada para mejorarlas. Recuerda que esta información ha sido compartida contigo para que puedas hacer algo positivo con ella.

La vida es lo que haces de ella y no con lo que te conformas de ella, evitando la idea del "perfeccionismo"; también puedes ser alguien conocido como "un trabajo en progreso".

Cada día es una oportunidad para que tomes mejores decisiones en tu vida. Después de leer esta sección de este libro, vuelve a este capítulo y empieza a buscar formas a través de las cuales puedas lograr equilibrar tu carácter.

Algunas personas no están al tanto de esta información; no entienden por qué son impacientes o un poco duras con los demás. Pero tú tienes acceso a esta información, lo que significa que tienes todas las herramientas necesarias para transformar la manera en la que te ves a ti mismo y la relación que mantienes con los demás.

Disponer de este tipo de información también implica que puedes ayudar a que otras personas descubran más sobre su propósito en la vida y el camino que deberían seguir.

Así que, en el próximo capítulo, aprenderás cómo tomar el control del camino y propósito de tu vida. Suena emocionante, ¿verdad? Sigue leyendo y ponte manos a la obra.

Capítulo 6
¿Cómo tomar el control de tu camino y propósito en la vida?

La astrología trata sobre el descubrimiento; siempre aprenderás algo nuevo o descubrirás algo sobre ti mismo que hará tu vida aún más significativa, lo que es la razón por la que es tan importante el concepto del control.

¿Tienes el control de tu vida en este momento?

No tienes que responder a la pregunta de forma apresurada, tómate tu tiempo para pensarlo durante unos minutos.

Si crees que tienes el control, ¿qué parámetros utilizaste para llegar a esta respuesta?

A todos nos gusta pensar que tenemos el control, es natural querer creer esto sobre nosotros mismos, pero debemos asegurarnos de ello porque no se trata de cómo te sientes, sino de la realidad de la situación.

Muchas veces, entregamos las riendas de nuestras vidas cuando nos dejamos influir por otros o cuando absorbemos las creencias de otros sobre la vida y las hacemos nuestras.

Perdemos el control cuando dejamos que nuestras parejas tomen todas las decisiones y nos comprometemos a no expresar nuestra verdadera personalidad por el "bien de la paz" en la relación. Incluso en nuestro trabajo, no mantenemos la coherencia de nuestro carácter porque estamos enfocados únicamente en impresionar al jefe y a nuestros compañeros.

Hay varios ejemplos de cómo las personas pierden su camino en la vida y entregan todo el control, e incluso es posible que hayas cedido la autoridad de forma subconsciente, sin darte cuenta de ello.

Mencionamos anteriormente que la astrología trata sobre el descubrimiento, pero es aún mejor, ya que este descubrimiento tiene como objetivo proporcionarte la información y las habilidades adecuadas para que puedas vivir la vida al máximo de tu potencial.

Los conceptos que se describen a continuación te ayudarán a tomar el control del camino y del propósito de tu vida, mientras te empoderan para ser la mejor versión de ti mismo que puedes ser, incluso ahora.

Conseguir estabilidad emocional

En un momento vamos a hablar sobre cambiar tu forma de pensar, pero antes de llegar a ese punto, debes saber que ¡el equilibrio emocional es fundamental!

El control se trata de estar a cargo de tu vida, y todo comienza por cómo te sientes. ¿Cómo te sientes en este momento? ¿Sueles tener explosiones emocionales cuando te sientes abrumado? Todos hemos pasado por eso, ese momento en que sientes que las emociones han tomado el control y desearías tener un mejor dominio sobre ellas.

Para algunos signos astrológicos, la estabilidad emocional puede ser un desafío enorme por la manera en la que están configuradas sus personalidades. Por ejemplo, una persona bajo el signo de Capricornio puede ser propensa a deprimirse porque es muy competitiva y quiere ganar en todo momento.

Entonces, cuando las cosas van mal, y parece que no habrá victorias, la persona se frustra rápidamente, lo que podría conllevar a explosiones emocionales y a otras manifestaciones externas de ira que transmiten un mensaje negativo sobre su personalidad a otros.

Sin embargo, tu signo astrológico no debería ser una excusa para la falta de control. Sí, es un factor, pero puedes trabajar en ello y mejorar aprendiendo a ser estable emocionalmente.

Dar espacio al desequilibrio emocional hará que sea más fácil perderte a ti mismo; descubrirás que ya no tomas decisiones racionales y que toda tu vida se basa en cómo te SIENTES y no en lo que es REAL.

En este libro se ha dicho repetidamente que el propósito de compartir y enseñarte conceptos astrológicos es el de empoderarte, ayudarte a saber qué puedes hacer con la información que te brinda el universo.

Lo que aprendas sobre ti mismo te ayudará a tener mejor autocontrol, y esto incluye lograr la estabilidad emocional. Nunca estarás en un lugar perfecto, así que prepárate para manejar tus emociones cuando te enfrentes a ellas, manteniendo el mismo estado emocional en los buenos y en los malos momentos.

Cambia tu forma de pensar

La manera en la que piensas afecta el nivel de control que ejerces sobre tu vida. Déjame hacerte una pregunta: "¿Alguna vez piensas en lo que estás pensando?".

Lo sé, suena un poco complicado, pero es una cuestión vital y es algo que habitualmente no nos preguntamos a nosotros mismos. Cada día nos pasan miles de pensamientos por la cabeza, y si no estamos atentos a ser conscientes de lo que estamos pensando, absorberemos ideas equivocadas a cada momento.

La astrología te ayuda a mirar más allá de lo que estás pensando y te hace cuestionar, en primer lugar, por qué tienes ese proceso de pensamiento. Todo lo que hablemos en este capítulo sobre el control estará, en última instancia, relacionado con tu proceso de pensamiento, así que, por favor, tómate esta idea en serio.

Ahora bien, existen varias capas en los procesos de pensamiento de una persona; los pensamientos no surgen de la nada, son productos de experiencias, actividades, sueños, conversaciones y de muchas otras cosas.

A veces, los pensamientos vienen todos de una vez y tu mente se llena, lo cual puede ser abrumador. En estos momentos, no deberías preocuparte tanto por la idea en sí, sino por lo que motivó ese pensamiento.

Las cosas que te hacen pensar en lo que estás pensando son el verdadero problema.

Así que, supongamos que sigues pensando que no eres lo suficientemente bueno en el trabajo y esto te paraliza por dentro. Revisas tu carta astrológica y te dice lo contrario, pero no puedes quitarte esta sensación.

Esto significa que necesitas abordar los factores subyacentes que han propiciado la sensación de insuficiencia. ¿Tuviste dificultades en el colegio? ¿Has estado luchando por tener éxito últimamente?

Tomar el control significa que tendrás que lidiar con estos problemas de fondo para que puedas vivir libremente. Cambia tu diálogo interno, modifica el lenguaje que usas como tu voz interior, y deja que tus pensamientos sólo reflejen las grandes expectativas que tienes sobre tu vida.

Compartimenta tus relaciones

Este es el paso que tienes que dar cuando te das cuenta de que tus relaciones están empezando a dominarte y necesitas dar un paso atrás para reevaluar la situación.

Una de las razones principales por las que descubres la astrología es para que puedas evaluar la relación que tienes con los demás y el tipo de influencia que ejercen sobre ti.

Sin embargo, esto no significa que tu vida tenga que ser un libro abierto para que todos puedan entrar y cruzar los límites a su antojo. Entonces, ¿qué puedes hacer? ¡Compartimenta tus relaciones!

En tu cocina, no importa lo desordenada que pueda estar, los utensilios no pueden estar dentro del microondas y los huevos no pueden estar en el fregadero. Todo tiene un lugar, todo está organizado por compartimentos y, mientras las cosas en la cocina se mantengan en su sitio, no tendrás que buscar nada cuando lo necesites.

El concepto de compartimentar tus relaciones consiste en colocar a cada persona en tu vida exactamente donde debe estar, estableciendo límites definidos. Una persona que no pone a las personas en compartimentos perderá el control sobre su vida.

Hay un lugar para los mejores amigos en tu vida; también hay un lugar para los compañeros, miembros de la familia, parejas románticas, etc. Tu pareja no debería influir en las decisiones que tomas en el trabajo.

Tu mejor amigo no tiene ningún derecho a decirte cómo tienes que vivir con tu pareja y no deberías sentirte obligado a asistir a una fiesta playera sólo porque tu compañero asume que son los mejores amigos.

Así que compartimentar tus relaciones te permite crear límites mentales que se manifiestan físicamente en tus relaciones, lo que también te empodera para tener un mejor control sobre tu vida.

Evita las influencias negativas que te distraen

La razón por la que puedes sentir que no tienes mucho control sobre tu vida es que has prestado demasiada atención a quienes te influyen negativamente. Hablamos ampliamente sobre los rasgos negativos y positivos desde una perspectiva personal en el capítulo anterior.

Ahora no estamos analizando el concepto de negatividad en cuanto a cómo te afecta internamente, sino a cómo te afecta externamente.

Una manzana podrida echa a perder todo el cesto, y una sola influencia negativa en tu vida puede corromper tu espacio físico y mental por completo.

Sin darnos cuenta, le damos poder a personas tóxicas para que controlen nuestros pensamientos, comportamiento y sentimientos, lo que es una señal clara de que estás perdiendo el control. La verdad es que nunca descubrirás tu propósito si siempre estás rodeado de energía negativa.

La primera pregunta que deberías hacerte a ti mismo es: "¿Con quién paso la mayor parte del tiempo?". Toma nota de las personas con las que te relacionas y observa la influencia que ejercen sobre tu vida.

¿Qué están haciendo tus relaciones contigo? ¿Qué están haciendo que haga? ¿Con qué me están alimentando mentalmente? ¿Qué me hacen leer? ¿Qué me hacen decir?

Algunos amigos son quejumbrosos; nunca ven nada bueno en ninguna situación. Cuando sales con ellos, se quejan del tiempo, del camarero, de la comida, del ambiente en el restaurante; toda su existencia está impregnada de quejas.

Si tienes personas así en tu vida, ¡huye!

Haz caso de todo lo que has aprendido aquí para hacerte a TI una mejor persona, no a la persona que está a tu lado, sino ¡a TI! Sólo puedes llegar a ser tan bueno como las personas que te rodean.

La disociación nunca es una decisión fácil, pero, en algunos casos, es esencial. No estoy sugiriendo que cortes con la persona por completo de forma repentina. Puedes hacerlo de forma sistemática hasta que la persona se vaya alejando gradualmente de tu vida.

Después de desvincularte de este tipo de persona, tómate tu tiempo para ampliar tus relaciones con las personas adecuadas. Encuentra personas que tengan éxito y que estén alineadas con tu propósito y hazlas parte de tu vida.

Por personas exitosas, no sólo nos referimos a aquellas que están bien situadas económicamente, sino a aquellas que se han descubierto a sí mismas, personas que aportan valores añadidos a tu vida y que tú hagas lo mismo por ellas.

Con las influencias negativas fuera de tu vida, puedes tomar el control de tu camino y convertirte en la mejor versión de ti mismo. No toleres impactos negativos sólo porque sean antiguos amigos o miembros de la familia.

No importa la duración de la relación porque, en este momento, estás bien preparado para manejar tu vida, y si tienes que seguir este camino solo, valdrá la pena.

Meditación

Lao Tzu dijo una vez: "Si corriges tu mente, el resto de tu vida se pondrá en su lugar".

Para tomar el control de tu vida y de tu propósito, primero tendrás que controlar tu mente. El contenido de tu mente se reflejará en todo lo que hagas, por lo que la meditación es fundamental.

A través de la meditación constante, te darás cuenta de un hecho real, que la felicidad no se puede comprar ni deriva de tus logros; es un producto resultante de cómo te sientes en tu interior. Pero,

¿cómo conocerás tus sentimientos interiores si no estás en contacto constante con tu mente?

Vivimos en un mundo rápido, con comida rápida, vehículos rápidos, internet rápido, y en medio de esta velocidad entregamos las riendas de nuestra vida a sistemas que han sido construidos para hacerte perder el control.

Ejemplos de este tipo de sistemas son las redes sociales, juegos, y otras actividades de distracción que hacen que te enfoques en cualquier otra cosa excepto en ti mismo. La meditación es la calma en la tormenta; es la única actividad que puedes emprender que te mantiene enfocado en tu camino y en tu propósito.

El comienzo de tu día, en gran medida determina cómo transcurrirán el resto de las horas del día, y la meditación te ofrece un gran inicio. Si tienes un buen comienzo cada mañana durante el resto de tu vida, piensa en el impacto positivo que tendrá en tu vida a largo plazo.

La meditación también te permite generar y proyectar energía amorosa desde el universo, que puedes utilizar para ser compasivo contigo mismo, con tus amigos, tu familia y, en ocasiones, con extraños.

Todo lo que tienes que hacer es meditar una hora al día y tendrás acceso a la energía positiva que llevarás contigo a donde vayas. Con esta cualidad de meditación, no serás un vertedero de las vibraciones negativas de otras personas; crearás tu aura que impregna cada fibra de tu ser.

¿Cómo puede una persona tomar el control de su vida sin tener confianza en sí misma? No es posible. La meditación aumenta la confianza en uno mismo porque, cuando estás constantemente en ese estado de autoconciencia, te das cuenta de que eres suficiente.

Te amas a ti mismo (tanto tus rasgos positivos como los negativos), y no te preocupa lo que piensen otras personas de ti. Mirar al mundo y a ti mismo a través de lentes positivos aumenta la confianza en uno mismo, te hace sentir que no tienes que "encajar" porque fuiste hecho para destacar.

Sé intencional en todo

Una persona intencional es calculadora y tiene el control la mayor parte del tiempo; este tipo de persona no se deja llevar por las circunstancias y no hace lo que no debe hacer, sin importar lo que pueda suceder.

Hay momentos en los que tendrás que ser espontáneo. La verdad es que sabrás cuándo llegará ese momento y no tendrá que ver con aspectos graves de la vida. Pero, en general, debes volverte consciente de ser intencional; esa es la palabra clave aquí: "consciente".

Cuando eres consciente de ello, te propones hacer lo que quieres hacer y no lo que la sociedad espera. Todo empieza con las pequeñas decisiones que se convertirán en una parte fundamental de tu vida.

Aquí tienes un *ejemplo para reforzar* este punto:

Si estudiaste el capítulo cuatro intensamente y te diste cuenta de tu situación financiera según tu carta astral, entonces sabrás qué tipo de decisiones financieras deberías tomar en cada momento de tu vida.

Por lo tanto, si no te encuentras en la situación financiera adecuada, tendrás que revisar el tipo de compras que haces y evaluar tus decisiones económicas. Una persona intencional irá a Amazon y buscará un producto específico que necesita, hará la compra y saldrá de la tienda.

Pero una persona no intencional, que es plenamente consciente de su inconsistencia económica, entrará en Amazon para comprar un artículo, hará la compra y, en lugar de abandonar la plataforma, se quedará buscando otras cosas irrelevantes que no están dentro de su rango de precios.

Tal vez sea un nuevo bolso de verano o un nuevo portátil que tiene alguna otra persona; hará dos compras adicionales que no se puede permitir, perderá el tiempo mirando escaparates y, al final del día, tendrá que lidiar con las consecuencias de ser impulsiva.

El ejemplo anterior representa el escenario típico de una persona que no tiene el control sobre su vida. Esta persona está siendo controlada por algo más (el deseo de ser como los demás), y esa no es la razón por la que has aprendido tanto sobre la astrología.

Si bien no hay nada de malo en hacer más compras, si así lo decides, se convierte en un problema cuando no actúas de manera intencional, ya que eso demuestra una falta de control. La razón por la que recibiste información sobre tus finanzas en relación con la astrología es para que puedas tomar mejores decisiones guiadas por hechos.

Cuando eres excesivamente impetuoso, esto poco a poco se convierte en un hábito. Puede que pienses que sólo estás haciendo pequeñas compras en Amazon, pero cuando sumas los 10$ o 15$ que gastas descuidadamente cada día, te darás cuenta de que, deberías haber hecho un mejor uso de ello.

La capacidad que tienes de tomar el control de tu vida a través de la intencionalidad no se relaciona únicamente con las finanzas; abarca todas las áreas de tu vida. Tómate unos minutos para reflexionar y piensa sobre los aspectos de tu vida en los que necesitas ser mucho más intencional.

Los momentos de autorreflexión nos ayudan a vernos desde los ojos del universo. ¿Qué te está diciendo? ¿Eres intencional con tu vida y con tus decisiones?

Sé fiel a ti mismo

La importancia de ser fiel a ti mismo nunca se enfatiza en demasía, especialmente en el ámbito de la astrología. No importa cuán cercano seas a una persona (incluso si es tu gemelo), nunca puedes utilizar su carta natal para tus predicciones astrológicas.

Esto demuestra el grado de singularidad que tienes como persona. Por lo tanto, si vas a tomar el control de tu vida y de tu camino, debes ser fiel a ti mismo.

Cuando empiezas a sacrificar tu identidad por otras personas, es cuando sabes que ya no eres una persona auténtica. Así que, en primer lugar, no sacrifiques tu integridad por nadie (ni siquiera por la persona con la que mantienes una relación).

Las personas pueden tener opiniones sobre tu vida, pero no es tu responsabilidad llevar a cabo cada sugerencia o aceptar cada comentario vertido sobre ti. Ahora que sabes quién eres a través de los datos astrológicos compartidos contigo, mantén tu naturaleza peculiar y sé fiel a tu personalidad.

Es más, aprende a establecer límites estrictos en tu vida en cuanto a tu tiempo y espacio. Muchas personas pierden el control de sus vidas al permitir que otros tengan acceso a estas áreas.

Escucha esto: no eres una porción de pizza y no eres responsable de la felicidad de los demás. No puedes hacer felices a todos, por eso necesitas establecer límites en tu vida, especialmente con tu tiempo.

No asistas a ese evento sólo porque tu amigo se molestará si no lo haces. Si no puedes ir porque estás haciendo otras cosas personales que te satisfacen, entonces, rechaza la invitación educadamente.

No aceptes el comportamiento necesitado de la gente porque estás tratando de ser comprensivo; estamos hablando de tu vida, tú deberías ser el único que tenga voz y voto sobre cómo pasas el tiempo y los lugares a los que vas.

Lo que es más importante aún, no te sientas obligado a preocuparte por las mismas cosas que le importan a otra persona, ya que estarás perdiendo tu poder cuando lo hagas. Reconoce que amas lo que amas y que no necesitas respaldar lo que le guste a otra persona para demostrarle tu apoyo.

Una parte vital de ser fiel a ti mismo es decir lo que piensas, lo que indica que eres una persona íntegra. Hay mucha presión social y grupal sobre las personas para que repitan las opiniones de los demás.

Pero, como una persona que es fiel a sí misma, debes resistirte a esta norma social permitiendo que tus pensamientos y sentimientos genuinos brillen con toda sinceridad y humildad.

Con el paso del tiempo serás conocido como alguien que no compromete su integridad y la gente te respetará por ello. Quienes no son fieles a sí mismos buscan ser "queridos", por eso se convierten en personas complacientes.

No luches por ser querido; en su lugar, ¡esfuérzate por ser respetado!

El respeto sólo llega a quienes saben quiénes son y están dispuestos a mantenerse firmes en su verdad; incluso si lo hacen solos. La astrología te ha dotado de información sobre ti mismo, aférrate a ello, y utilízala para ejercer control sobre tu vida.

Un hombre sabio dijo una vez que podrías perder todo lo materialmente querido para ti en el mundo y eventualmente estar bien, pero que, si te pierdes a ti mismo, lo has perdido todo. Hemos aprendido tanto, y seguimos aprendiendo, la información de este capítulo determinará si utilizarás lo que has aprendido o no.

Asegúrate siempre de controlar tu vida a través de tus pensamientos, siendo intencional, evitando las trampas de las influencias negativas mediante ejercicios mentales como la meditación.

¿Qué sigue después de esta lección? ¿Es posible trasladar todo lo que has aprendido sobre astrología a un proceso de vida rentable? No te preocupes por pensar en las respuestas; el próximo capítulo contiene todos los detalles.

Capítulo 7
¿Qué es lo siguiente en tu vida?

La pregunta anterior es una que nos hacemos de forma recurrente a lo largo de nuestras vidas cuando conquistamos una etapa y nos preparamos para la siguiente. Los seres humanos están construidos para buscar más, así que, cuando nace un bebé, los padres están emocionados y empieza la pregunta de: "¿Y ahora qué?". Ahora que tenemos a este bebé, ¿cuándo empezará a gatear? El bebé gatea y estamos emocionados. Luego nos preguntamos: "¿cuándo caminará?".

El bebé camina y la emoción se dispara. A continuación, pasamos a preguntarnos: ¿cuándo estará este bebé listo para ir a la escuela? Así que, ya ves que las expectativas no terminan nunca y sucede lo mismo con el conocimiento sobre astrología. Hemos estado en este viaje desde aprender lo básico de la astrología hasta descubrir aspectos emocionantes de la idea, pero ahora estamos en la última parada de este viaje preguntándonos: ¿qué sigue?

La respuesta a esta pregunta se engloba en una sola palabra: ¡utilidad!

Cuando te gradúas de la universidad, la pregunta "¿Y ahora qué?", significa cómo vas a agregar valor a la sociedad con lo que has aprendido y eso es lo que haremos con la astrología en esta sección.

Como se mencionó anteriormente, la astrología está en todas partes a nuestro alrededor, pero sólo se vuelve visible para quienes la utilizan. No hablamos de tu carrera profesional, finanzas y relaciones sólo para que leas; las secciones anteriores te prepararon para este momento.

En general, todo cuanto aprendas en la vida debería ser útil para ti en tiempo real, así que, incluso fuera de la astrología, deberías ser intencional sobre el impacto que tiene cierta información en tu vida. ¿Es útil? ¿Cambiará situaciones para ti? Esto es tan importante que por esta razón le dedicamos un capítulo entero. Hasta que no empieces a practicar lo que sabes, ¡no sabes nada!

En esta sección, descubrirás maneras a través de las cuales puedes aplicar la astrología a tu vida y hacer la experiencia lo suficientemente palpable como para obtener resultados a largo plazo. Teniendo en cuenta que estamos tratando el concepto de utilidad, debes saber que esta sección también es práctica y requerirá que actúes mientras lees.

Fortalece tu voz interior (Instinto)

Todos tenemos esa voz interior que dirige nuestras acciones, pero a veces algunas personas dicen que se sienten en conflicto con lo que les dice la voz. La razón por la que piensan de esta manera es porque no han fortalecido su instinto utilizando la astrología.

Así es como funciona.

Con la astrología, aprendes más sobre ti mismo, lo que conduce a un autoconocimiento; esta sensación de estar consciente hará que alimentes tu mente con el tipo de información adecuada basada en lo que has descubierto a través de la astrología.

Así que estarás reformando tu voz interior para adaptarla a la realidad de tu personalidad de tal manera que, cuando te enfrentes a una situación, sabrás qué hacer y tus instintos serán correctos en lugar de estar en conflicto.

La razón por la que sentiste algo de confusión en el pasado es que no tenías un control firme sobre tu personalidad. Bueno, ahora sí lo tienes, y ahora sabes lo que la astrología puede hacer por ti. Úsala para empoderar esa voz interior. Así no estarás perdido ni confundido sobre la vida.

Herramienta para el autoconocimiento/descubrimiento

¿Alguna vez has jugado al póker? Si lo has hecho, estarás de acuerdo en que es imposible ganar en un juego si no sabes las cartas que tienes. De igual manera, no puedes tener éxito en tu vida si no tienes una idea precisa de quién eres.

La autoconsciencia es crítica en el mundo actual, donde se nos alienta a ser como los demás. La astrología te permite conocerte a ti mismo y tener una conexión más profunda con tu personalidad.

Puede ser todo un desafío para cualquiera ser totalmente objetivo sobre sí mismo; somos criaturas emocionales, por lo que incluso cuando nos enfrentamos a la verdad, fallamos en reconocerla.

La astrología te presenta tu personalidad de la manera más objetiva, lo que será útil cuando necesites tomar decisiones individuales que sean trascendentales en tu vida.

Con la astrología, obtienes una versión sin filtros de quién eres y esto es algo que no puedes conseguir en las redes sociales, ni siquiera con tus amigos. La gente siempre te dirá lo que quieres escuchar y, si los escuchas durante mucho tiempo, te perderás a ti mismo.

Lo siguiente para ti con la astrología es utilizarla como una herramienta para el autodescubrimiento, de manera que conozcas tus valores y no estés dispuesto a comprometerlos por nada ni por nadie.

El autodescubrimiento a menudo es el primer paso que das en el viaje astrológico; es la razón por la que te lo presentamos en los primeros capítulos, porque es muy crucial. Todo el tiempo que pasaste leyendo periódicos en busca de los signos astrológicos, estabas intentando encontrarte a ti mismo.

Cuando te conoces a ti mismo, el mundo no te dirá que te conformes con sus estándares; no te conformarás con cualquier relación porque estés desesperado. Serás paciente contigo mismo y aprenderás a confiar en tu increíble viaje a través de la vida.

Cultivar la compasión hacia los demás

Cuando hicimos la pregunta: "¿Y ahora qué?" al inicio de este capítulo, no era una pregunta destinada únicamente a lo que podrías hacer por ti mismo, sino también a lo que puedes hacer por los demás.

Es muy fácil volverse absorbente cuando empiezas a descubrir cosas sobre ti mismo a través de la astrología. En esos momentos, sientes que sabes mucho sobre ti mismo y que controlas lo que sucede.

Si bien es genial que estés aprendiendo tanto sobre ti mismo, también tienes que darte cuenta de que, si tus relaciones no están reflejando este espacio funcional en el que te encuentras ahora mismo, habrá problemas.

La compasión es similar a ser emocionalmente inteligente. La astrología te ayuda a volverte compasivo cuando descubres las razones por las que ciertas personas se comportan del modo en que lo hacen.

En este libro, hemos dedicado una gran cantidad de tiempo a establecer conexiones entre tú y tus relaciones porque de eso se trata la astrología (un vínculo entre tú, el universo y los demás).

Si eres un líder en tu organización, al aprender más sobre los signos astrológicos de tus subordinados, serás más amable y mucho más comprensivo sabiendo que se comportan de ese modo porque así es como son.

Si estás en una relación amorosa o casado, los problemas que tienes con tu pareja ya no serán motivo de fricción entre ambos porque ahora comprendes las debilidades de esta otra persona y eres compasivo hacia él o ella.

A veces, ni siquiera necesitas conocer a una persona durante un período prolongado de tiempo para comprenderla. Simplemente con saber su signo solar, ya puedes saber mucho más sobre ella, lo que hace que tus interacciones sean más detalladas y llenas de compasión, cuando sea necesario.

En las relaciones personales, puedes sentir que tu pareja intenta manipularte, lo que te pone en guardia todo el tiempo. Cuando hay una discusión menor, la llevas al extremo porque quieres evitar ser manipulado.

Pero lo que tú llamas "manipulación", podría ser una manifestación del signo de tu pareja a través de su personalidad. Si tu pareja es Leo, por ejemplo, es un líder nato. Los Leo son audaces (a menudo se les compara con leones), y todos sabemos que el león es un animal intimidante.

Así que tu pareja simplemente está manifestando los rasgos naturales de su signo, y cuando llegues a comprender esto, no sólo serás compasivo, también empezarás a disfrutar de tu relación.

Esta misma idea se aplica al concepto de ser crítico hacia otras personas. Tendemos a juzgar cuando no entendemos a una persona, por lo que es más fácil etiquetarla en base a lo que hizo.

La astrología te permite ir más allá de valorar a una persona solamente por lo que hace, sino también por quién es. Serás más paciente, tolerante, y amable con las personas cuando empieces a utilizar tu conocimiento sobre la astrología.

Guía práctica sobre tus fortalezas y debilidades

¿Qué sigue para ti con respecto a la astrología? Puedes usar el conocimiento que has adquirido para obtener una visión de tus fortalezas y debilidades, lo cual es un indicativo significativo para una vida grandiosa o agotadora.

A menudo luchamos con ciertas cosas clave en la vida porque no sabemos en qué somos buenos y qué deberíamos delegar en otra persona. Esta ignorancia nos hace querer hacerlo todo y, eventualmente, terminamos no haciendo nada.

¿Recuerdas el ejemplo que mencionamos al comienzo de este capítulo sobre graduarse de la universidad? Bueno, cuando vas a la universidad no puedes estudiarlo todo, independientemente de tu nivel de CI, sólo puedes optar a un curso o, como máximo, hacer una doble especialización.

La razón de esto es porque cuando eliges un curso, concentrarás todas tus fuerzas y aprovecharás el poder de tus habilidades. Lo que también significa que será muy probable que tengas dificultades si terminas estudiando un curso en el que no eres bueno.

La breve explicación anterior utilizando el escenario de la universidad es un ejemplo

para mostrarte otro ángulo de la utilidad de la astrología en tu vida. Cuando conoces tus fortalezas, sabes en qué concentrarte a largo plazo para poder desarrollarte y tener éxito en ello.

Conocer tus debilidades también te ayudará a conocer las áreas en las que necesitas trabajar en ti de manera que puedas lograr un equilibrio. Si la escritura es una fuerza central para ti basada en tu estrella, puedes trabajar intencionalmente en esa habilidad, sabiendo que, a diferencia de aquellos otros que no son "escritores natos", tendrás una ventaja.

Antes de que sigamos, es crucial destacar el hecho de que tener la fortaleza o haber nacido con algo único no significa que puedas lograr el éxito instantáneo. Tienes que trabajar en ello como si no tuvieras la ventaja del universo.

Si te relajas, otra persona que no tenga el respaldo del universo con esa habilidad pero que trabaje duro en ello seguro que lo hará mejor que tú. La astrología te permite identificar esas habilidades que te caracterizan, para que te des cuenta de ellas y trabajes en su desarrollo.

Con respecto a tus debilidades o defectos, no consigas la información sobre ellos para no hacer nada al respecto. Algunas personas dicen: "Bueno, según mi signo del zodíaco, no soy un buen organizador, así que esa es la razón por la que mi casa es un desastre". Esta declaración sólo retrata a una persona indiferente y perezosa.

La astrología no te muestra tus debilidades para que las ACEPTES y ¡no hagas nada! Se te proporciona esta información para mejorar tu vida. Este libro entero trata sobre hacer que seas mejor persona.

Por lo tanto, incluso la información sobre las "debilidades", debería usarse de manera productiva. Conoce tus debilidades y encuentra las formas de mejorarlas. No tienes la cualidad de "organizado" en tu signo, pero puedes esforzarte en tu casa, así que hazlo y tu vida será excepcional.

Útil para la orientación profesional

Invertimos mucho tiempo en la vida intentando encontrar el propósito de nuestra carrera profesional, queriendo saber lo que deberíamos hacer que pueda darnos sentido y la astrología es útil en este campo.

Con la astrología, ganarás perspectiva sobre las mejores opciones y el camino profesional que será perfecto para ti y que esté en línea con tus predicciones del universo.

Aunque siempre estamos divididos entre la necesidad de hacer lo que amamos y lo que paga las cuentas, la astrología puede ayudarte a decidir la opción correcta porque podrás hacer lo que te permite estar en paz al tener en cuenta las predicciones del universo.

Así que, a menudo, en el fondo de nuestro corazón sabemos lo que queremos hacer con nuestra carrera, pero necesitamos ese pequeño empujón o incentivo que nos ayude a abrazar nuestros deseos internos y hacerlos realidad.

A menudo te darás cuenta de que el profundo anhelo que sientes por una carrera profesional que amas, en realidad está en tus cartas, basado en una lectura astrológica. Por lo tanto, se podría decir que la astrología es una idea que te ayuda a encaminarte correctamente en tu carrera.

En el segundo capítulo de este libro, presentamos una visión detallada de los diversos signos zodiacales y una idea personalizada sobre cómo eres en base a tu carta natal. Así que, cuando vuelvas a ese capítulo y mires tu personalidad, te sentirás inspirado para tomar decisiones sobre la carrera que se adapte a tu personalidad.

Verás, muchas personas terminan ejerciendo trabajos que odian no porque el trabajo en sí no sea lo suficientemente bueno, sino porque no es un trabajo que encaje con su personalidad.

Esto hace que cada día en esa carrera, negocio o empleo, sea un desafío. No están inspirados y odian los lunes incluso más que los demás. Pero luego está esa otra persona que se toma su tiempo en descubrir lo que es adecuado para él o ella y el trabajo sea como coser y cantar para esa persona. Tienes que saber que, lo que has descubierto sobre la astrología puede transformar tu vida, pero tienes que usarlo para sentir el efecto de esa transformación.

Si ya estás fijo en un empleo, no es tarde para salir de él. Vuelve a tu carta, invierte tiempo en conocerte a ti mismo para saber quién eres y para tomar las decisiones profesionales basadas en lo que descubras.

En un mundo en el que tantas personas están motivadas por el dinero, la popularidad y la fama, puedes encontrar la paz tomando este tipo de decisiones basadas en lo que está en tu carta y en lo que te gusta hacer.

Por ejemplo, las personas cuyo signo es Aries son conocidas por ser valientes y arriesgadas; esto hace que sea el signo más probable en conseguir el éxito en el emprendimiento. No tienen miedo a alterar sistemas o a romper las normas.

Por otro lado, algunas personas en el signo de Aries podrían optar por un trabajo regular y convertirse en las más valiosas de la empresa porque son audaces con sus ideas y sugerencias. Si este tipo de persona decide independizarse (si las cartas indican este tipo de lectura), hay esperanza de lograr un éxito masivo.

Prepárate para tiempos difíciles

Otra manera en la que puedes utilizar la astrología en tiempo real es para prepararte para tiempos difíciles, que son inevitables en la vida. La astrología te proporciona un marco temporal para problemas específicos que podrías afrontar, de manera que sabrás el cronograma del problema y estarás mejor preparado para lidiar con él.

Si eres Capricornio (por ejemplo), averiguarás que cuando usas la astrología para descubrir ciertas cosas sobre ti mismo, también conocerás los momentos del año en los que te enfrentarás a problemas asfixiantes.

Ahora bien, la razón de esta información no es para asustarte o para que sientas que la vida es injusta. Sólo es para mantenerte al tanto de un aspecto de tu vida que es real. Los problemas siempre vendrán; es como el aire que respiras; forma parte del ciclo de la vida.

Pero la diferencia entre tú y la persona que no utiliza la astrología es el hecho de que a esta otra persona le van a quitar la alfombra de debajo de sus pies. Las cosas irán a peor, y se sentirá abrumado.

Cuando hay una amenaza de huracán, se informa a las personas, no para que se asusten, sino para que puedan preparar sus casas, recoger los niños del colegio y prepararse para afrontar la tormenta que se avecina.

Cuando los tiempos difíciles se disipen, te darás cuenta de que lo manejaste mejor de lo que esperabas. Por lo tanto, la astrología te ayuda a manejar los resultados de ciertos eventos que te sucederán.

Otra idea que deberías saber es el hecho de que la astrología te ayuda a manejar los problemas de manera productiva. No todos los problemas deben tratarse con temor y miedo. De este modo, nunca lograrás avanzar de manera productiva en el asunto.

Ahora bien, con la astrología, no sólo aprenderás cuándo se avecina un problema, sino que también tendrás una línea de tiempo para que puedas planificar cómo lo vas a manejar y, aun así, funcione a pesar del desafío.

Así es como manejas un problema de manera productiva; sabes que hay un problema, pero todavía estás atento a las salidas positivas que amortiguarán el efecto del problema en ti, tanto mentalmente como de otras maneras.

No puedes evitar un huracán, puede que no puedas salvar tu casa, pero puedes proteger a tu familia y otros objetos de valor, de manera que no te veas gravemente afectado.

Esta es una forma fantástica de utilizar lo que has aprendido sobre astrología; no sólo estás preparado para los tiempos difíciles, sino que también estás capacitado de manera optimista y productiva para afrontar el problema.

Visión del futuro

A lo largo de la redacción de este libro, me tomé la libertad de contactar a una amplia variedad de personas que no habían utilizado ni creen en la astrología. Quería saber si se sentirían mejor sabiendo lo que podría sucederles en las próximas semanas o años. Un porcentaje significativo de ellos dijo que la vida sería mucho más fácil si tuvieran esta información.

La astrología se ha comparado con la genética; cuando miras a los padres de un niño, puedes ver rápidamente cómo será ese niño en ciertas áreas de su vida. Cuando practicas la astrología o la tienes en cuenta, tendrás una visión del futuro.

Tener acceso a la información sobre lo que podría suceder mañana te proporciona el problema y una ventaja, te ayuda a desarrollar una mentalidad más firme que te mantiene estable incluso cuando sabes que se avecina un problema.

Hay poder en el optimismo, y cuando sabes lo que te depara el futuro, tiendes a volverte optimista al respecto. Entonces, ¿qué sigue para ti con la astrología? Utilízala para determinar lo que te depara el futuro y toma medidas decisivas que hagan que estos eventos se materialicen.

En algunos casos, tus acciones (conscientes o inconscientes) pueden hacer que te pierdas un paso con lo que tiene reservado para ti el futuro; puede esperar, pero inevitablemente sucederá. Usar la astrología de esta manera también te ayudará a vivir una vida "preparado" tanto para lo bueno como para lo malo.

Cuando nos sucede algo desagradable, después de superar el impacto inicial, a veces desearíamos haber tenido un aviso, algo, quizás una palabra, un presentimiento que nos diera una idea de lo que estaba por venir.

Lee tu carta astrológica con frecuencia. Si necesitas la ayuda de un astrólogo, consíguela y trata constantemente de mirar hacia el futuro para que los pasos que des ahora estén alineados con lo que te depare el futuro. Es parecido a hacer que las predicciones astrológicas sucedan en tiempo real o incluso más rápido.

¿Por qué tenemos una sección para el pronóstico meteorológico en las noticias? ¿Alguna vez te has preguntado por qué siempre hay un meteorólogo/meteoróloga en las noticias en la televisión? Es porque cuando la gente conoce el estado del tiempo, están mejor PREPARADAS para el día siguiente. Así que, salen con sus paraguas, impermeables e incluso programan reuniones en función de ese pronóstico meteorológico, lo que les permite aprovechar mejor el día, sin importar el estado del clima.

La persona que no recibió el pronóstico del tiempo no vivirá la misma historia porque no estará preparada. Con la astrología, puedes estar preparado para el futuro y puedes hacer que esas predicciones se hagan realidad incluso ahora.

Una persona que sabe mucho sobre la astrología, en teoría, lo ha hecho bien, será un experto en información, pero una persona que tiene el conocimiento de la experiencia tendrá una experiencia mucho más única porque la experiencia supera al conocimiento en cualquier día y en cualquier momento.

Estás provisto de conocimiento teórico, y ha sido una experiencia que ha valido la pena, pero sólo tú puedes llevar este conocimiento a la parte experimental de tu viaje. Sin embargo, cuando alguien te pregunte: "¿Y ahora qué?" después de haber leído tanto sobre astrología, tendrás una respuesta porque, a través del contenido de este capítulo, ¡sabes lo que tienes que hacer!

¡Qué viaje!

Ya estamos al final, pero hay una sección más que debes leer. Te fortalecerá a través del proceso de la utilidad. Pasa a la sección siguiente para descubrir una idea crucial.

Conclusión

¡La vida es maravillosa!

A menudo sentimos las presiones de la vida cuando no nos tomamos el tiempo para descubrir lo que el universo nos tiene reservado, por lo que emprendemos este viaje pensando que podemos hacerlo todo y nos quedamos atascados a mitad del camino. El objetivo de este libro es el de ayudarte a establecer una conexión entre tu vida y la astrología, y hasta ahora, hemos logrado más que eso.

No intentes caminar solo cuando puedes conseguir ayuda del universo supremo a través del concepto de la astrología. No intentes "adivinar" lo que funcionará o fracasará por tu cuenta cuando tienes un sistema que se alinea perfectamente con tus emociones, sentimientos, pensamientos y circunstancias.

La astrología te da el poder de tomar las riendas de tu vida y de enfrentarte a tu propio viaje con la seguridad de conseguir resultados impresionantes. Este ha sido un viaje inspirador hasta ahora, pero hay un concepto crucial que debemos mencionar conforme terminamos. Se trata de la idea de la sostenibilidad.

Hay información sobre astrología por todas partes en Internet, libros, podcasts, etc. Con los detalles exhaustivos que has recibido a través de este libro (como lo harán otras personas), uno sólo puede preguntarse por qué la gente sigue cometiendo los mismos errores que experimentan en sus relaciones, finanzas y vidas.

La razón de su incapacidad para aplicar lo que han aprendido a sus vidas es porque carecen de un enfoque sostenible para el aprendizaje. Después de terminar este libro, muchas personas se sentirán entusiasmadas y probarán la astrología durante unos días. Bueno, está bien, digamos que durante unas semanas. Y, después. ¡Boom! ¡Lo olvidarán por completo!

Dos años después, escucharán a alguien hablar sobre el efecto positivo de la astrología y entonces dirán: "¡Oh! Yo he utilizado esa práctica, pero ya no". Así no es como se obtiene el conocimiento. Hay tres cosas que deberías tener en cuenta:

1. Aprender
2. Practicar
3. Mantener

Así que acabas de completar el primer paso. Has aprendido mucho sobre astrología, pero ahora tienes que pasar al siguiente nivel practicando algo de lo que has aprendido. Después de eso, deberías pensar en cómo mantenerlo a largo plazo porque así es como se convertirá en una parte de tu vida.

La astrología no es una idea pasiva y cuando no actúas al respecto, te privarás de la oportunidad de añadir valor a tu vida a través de las lecciones aprendidas.

Conforme cerramos esta experiencia aquí, entusiásmate con la idea de la sostenibilidad dando pasos activos hacia el uso de la astrología en tu experiencia única. Las palabras en este libro deberían trascender las páginas y cobrar vida en tus finanzas, relaciones, amistades y en cualquier otra área de tu vida.

La pregunta que deberías hacerte en este momento es: "¿Qué voy a hacer con las lecciones vitales que he obtenido?" Úsalas. Sigue con ello y deja que tu historia de éxito astrológico inspire a otros a hacer lo mismo.

Ahora tienes un mundo completamente nuevo ante ti, mientras aprovechas las potencialidades de la astrología y disfrutas de la sensación de tener el control de tu vida. ¿Listo para establecer una conexión segura con el universo?

¡Empieza a implementar, actúa y disfruta del proceso!

¡Con mis mejores deseos!

Sofia Visconti

¡Gracias por leer!

¿Qué opinas sobre **Astrología: Descubre los secretos de tu vida y conoce tu destino a través de las estrellas**?

Sé que podrías haber elegido cualquier libro para leer, pero elegiste este, y por eso te estoy extremadamente agradecida.

Espero que haya agregado valor y calidad a tu vida diaria. Si es así, estaría bien que compartieras este libro con tus amigos y familiares publicándolo en Facebook y Twitter.

Si disfrutaste de este libro y encontraste algún beneficio en su lectura, me encantaría saber de ti y espero que puedas invertir algún tiempo en dejar una reseña. Tus comentarios y apoyo me ayudarán enormemente a mejorar mi habilidad de escritura para proyectos futuros y harán este libro aún mejor.

Quiero que, como lector, sepas que tu reseña es muy importante. Así que, si te gustaría dejarme una reseña, todo lo que tienes que hacer es hacer clic aquí y listo. ¡Te deseo todo lo mejor en tu éxito futuro!

También echa un vistazo a mi otro libro:

Descubre la lectura psíquica del Tarot, los significados de las Cartas del Tarot, la Numerología, la Astrología y revela lo que el Universo tiene reservado para ti.

¡Muchas gracias y buena suerte!

Sofia Visconti 2019

Reclama esto ahora

Descubre el antiguo poder curativo del Reiki, despierta tu mente, cuerpo y espíritu y sana tu vida

El Reiki tiene el poder de sanar nuestras mentes, cuerpos y espíritus de maneras que pocos de nosotros podemos imaginar.

Esto es aplicable a personas de cualquier edad con problemas físicos, mentales, emocionales, o incluso problemas espirituales. Durante muchos años, el Reiki ha sido un secreto muy bien guardado, pero es una energía inteligente que va automáticamente donde se le necesita.

Descubre más en esta guía completa sobre un antiguo arte curativo para vivir una vida más feliz, más saludable y mejor.

¡UN COMIENZO ESPIRITUAL!

Comienza tu semana con gratitud, alegría, inspiración y amor.

Cada semana, recibirás sanación, motivación, inspiración, desafíos y orientación, ¡directamente en tu bandeja de entrada!

DESCUBRE MÁS